会展项目策划与管理

主　编　吴红霞
副主编　潘　涛

清华大学出版社
北京

内 容 简 介

本书以展览项目的立项、内容策划和成果呈现为主线,系统阐述会展项目的选题立意、相关信息收集、基本框架的搭建、招展策划、招商策划、相关活动策划及宣传推广的策划等,并撰写项目过程的调研报告、立项策划书、可行性分析报告等相关文案。本书可以按模块和单元任务灵活使用,增加线上展会建设等新知识,配套在线开放课程,可满足线上线下混合式教学需求;按照会展项目单元化模块任务驱动教学要求,融合多种资源,对接"1+X"会展管理职业技能等级证书,岗课赛证融通;以学习者为中心,是适应新形势下学习规律和学习要求的新形态一体化教材。本书对应课程"会展项目策划与管理"获北京市课程思政示范课程、北京市职业教育在线精品课程,教师可利用学习通 App、超星泛雅平台搜索示范教学包《会展项目策划与管理》(建课老师:吴红霞)一键建课,开展线上线下混合式教学。

本书可作为高职会展策划与管理专业的教材,也可作为会展从业人员的学习用书。

本书封面贴有清华大学出版社防伪标签,无标签者不得销售。
版权所有,侵权必究。举报:010-62782989,beiqinquan@tup.tsinghua.edu.cn。

图书在版编目(CIP)数据

会展项目策划与管理 / 吴红霞主编. -- 北京:清华大学出版社,2024.7. -- ISBN 978-7-302-66591-5

Ⅰ.G245

中国国家版本馆 CIP 数据核字第 2024DZ5964 号

责任编辑:吴梦佳
封面设计:傅瑞学
责任校对:刘　静
责任印制:沈　露

出版发行:清华大学出版社
　　网　　址:https://www.tup.com.cn,https://www.wqxuetang.com
　　地　　址:北京清华大学学研大厦 A 座　　邮　　编:100084
　　社 总 机:010-83470000　　邮　　购:010-62786544
　　投稿与读者服务:010-62776969,c-service@tup.tsinghua.edu.cn
　　质 量 反 馈:010-62772015,zhiliang@tup.tsinghua.edu.cn
　　课 件 下 载:https://www.tup.com.cn,010-83470410
印 装 者:三河市铭诚印务有限公司
经　　销:全国新华书店
开　　本:185mm×260mm　　印　张:14　　字　数:317 千字
版　　次:2024 年 8 月第 1 版　　印　次:2024 年 8 月第 1 次印刷
定　　价:49.00 元

产品编号:099733-01

前 言

党的二十大报告指出:"必须完整、准确、全面贯彻新发展理念,坚持社会主义市场经济改革方向,坚持高水平对外开放,加快构建以国内大循环为主体、国内国际双循环相互促进的新发展格局。"这和会展业搭建贸易磋商平台、促进经济发展的目标十分契合。报告还指出:"构建优质高效的服务业新体系,推动现代服务业同先进制造业、现代农业深度融合。加快发展物联网,建设高效顺畅的流通体系,降低物流成本。加快发展数字经济,促进数字经济和实体经济深度融合,打造具有国际竞争力的数字产业集群。"这不但再次强调了在党的二十大精神指引下,会展业要不断谋求现代服务业与现代制造业等的深度融合,还要进行数字化转型升级,在数字经济和实体经济的融合、有国际竞争力的数字产业集群打造方面发挥应有的促进和推动作用。

"十三五"期间,我国会展行业高速发展,展会面积和展会数量跃居全球首位,这离不开各级政府的大力支持。2021年3月,《中华人民共和国国民经济和社会发展第十四个五年规划和2035年远景目标纲要》(以下简称《十四五规划纲要》)正式发布,提出"十四五"时期是我国全面建成小康社会、实现第一个百年奋斗目标之后,乘势而上开启全面建设社会主义现代化国家新征程、向第二个百年奋斗目标进军的第一个五年。这一项规划的发布,不仅对我国各行各业的经济发展有着指导意义,更是为会展业提供了方向。对会展行业而言,如何抓住经济发展趋势、如何结合经济发展战略,是会展机构迫切需要了解和思考的,以便为各行各业提供更好的服务。

《"十四五"规划纲要》对会展业的发展明确提出以"推动生产性服务业融合化发展""深化服务领域改革开放""促进国内国际双循环""推动进出口协同发展"为主的发展方向,会展业的数字化转型势在必行,未来将打破传统的会展形式,提高会展的服务效率和服务品质,构建优质高效、结构优化、竞争力强的会展业新体系,因此必须培养符合行业发展特点和长远发展要求的会展人才,也要加强对会展企业、会展服务机构从业人员的全方位的培训或轮训,为会展业发展注入强劲动力,因此,融入行业发展新特点和新知识的教材应在人才培养中发挥重要作用。

教材建设是人才培养的重要载体,对学生职业知识掌握、职业技能获取、职业素养提升、职业道德养成具有重要的价值和现实指导意义。针对职业教育人才培养工作,2019年国务院颁布《国家职业教育改革实施方案》,提出了"三教"改革的任务,同年教育部启动"双高计划"建设。在新的人才观、教学观和质量观的要求下,"三教"改革已成为推进"双高计划"技术技能人才培养高地建设的重要抓手,"赋能"教师、"升级"教材、"激活"教法,着力做好立德树人工作,提高人才培养质量。新型活页式教材相对传统教材具有主体的联合性、内容的开放性、更新的及时性、使用的便捷性、资源的整合性等优势,更加符合职业人才培养要求。本书正是在"三教改革"要求的背景下,根据会展策划与管理专业岗位能力发展要求、适时融入会展业新知识与规范进行课程整合、对接"1+X"会展管理职业技能等级证书要求开发的新形态活页式课证融通教材,符合职业教育发展需要。

本书按照展览行业的岗位要求,以职业认知过程为导向,以项目任务驱动的方式组织展会行业认知、市场调研与需求分析、展会项目立项策划、项目可行性分析、展会现场管理、展会立项策划案的撰写与汇报等课程内容,按照3个模块分为12个项目,各模块和项目的任务如下。

序号	模块	项 目	新知识、新规范	思政、双创融入
1	模块1:选题立意	项目1:会展及会展策划认知	双线展会、逆向策划	系统思维、创新
2		项目2:展会项目信息收集	PEST方法	大局意识、务实
3	模块2:内容策划	项目3:展会品牌形象策划	展会品牌识别系统	品牌思维、精益求精
4		项目4:搭建展会基本框架	数字经济、智慧城市等新选题	创新、关注民生
5		项目5:招展策划	虚拟仿真展台、招展系统	服务意识、团队精神
6		项目6:招商策划	观众裂变邀请	敬业勤劳
7		项目7:展会同期会议及活动策划	线上活动设计	大局意识、创新
8		项目8:展会宣传推广策划	新媒体运用	系统思维
9		项目9:展会服务商及现场管理	线上展会服务团体标准	创新、商业模式思维
10		项目10:数字展会及应用	服务商类别、现场安全管理	资源整合思维、合作
11	模块3:成果呈现	项目11:展会项目立项策划可行性分析	SWOT分析法	务实、创业思维
12		项目12:展会立项策划方案的撰写与汇报	双师评价、企业标准	合作、追求卓越

本书配套建设数字化教材、北京市职业教育在线精品课程"会展项目策划与管理",融合文字和电子资源构建新形态一体化教材,微课、习题、资料、试卷、活动库等资源齐备,创新教材形式,满足多形式教学需求。

在教材特色方面,首先是满足立德树人要求,在展览项目策划专业课程知识中有机融入会展专业精神、职业精神、工匠精神和劳模精神,引导学生树立正确的世界观、人生观和价值观,努力成为德智体美劳全面发展的社会主义会展行业建设者和接班人。其次是采用文字和多种电子资源形式融合,构建新形态一体化教材,资源齐备,创新教材形式,适应线上线下混合式教学需求。最后是知识体系方面,对接会展行业发展需要和岗位专业人才需求，依据会展行业团体标准，按照技术技能型人才成长规律和学生认知特点，适应人才培养模式创新和课程体系优化的需要，将理论与实践相结合，安排教材体系和内容，同时在线上展览新业态发展背景下，结合数字化背景，创新融合前沿的新科技、新业态发展趋势更新行业知识内容，配合项目化学习、案例化学习、任务模块化学习要求进行活页式编排，可灵活使用。

  本书为校企深度合作开发的新形态一体化活页式教材，主要由北京财贸职业学院吴红霞、丁妍妍、吴茜及北京微展创想科技有限公司董事长兼总经理、苦瓜科技创始人潘涛共同完成。吴红霞担任主编，潘涛担任副主编，丁妍妍、吴茜参编。其中，项目1、2、6由丁妍妍编写；项目3、4、5、11、12由吴红霞编写；项目7、8由吴茜编写；项目9、10由潘涛编写；全书由吴红霞、潘涛统稿整理。

  由于编者水平有限，书中不足之处在所难免，敬请广大读者批评指正。

编　者
2024年2月

CONTENTS 目 录

001 | 项目 1 会展及会展策划认知

任务 1.1	会展概述	003
任务 1.2	会展策划的含义、特点和作用	005
任务 1.3	会展策划的原则	007
任务 1.4	会展策划的流程和方法	007

017 | 项目 2 展会项目信息收集

任务 2.1	展会信息收集的内容	019
任务 2.2	展会市场调查	022
任务 2.3	展会市场调查报告的撰写	023

029 | 项目 3 展会品牌形象策划

任务 3.1	展会品牌形象定位	031
任务 3.2	创立展会品牌形象	035
任务 3.3	规划展会的品牌识别	038
任务 3.4	展会品牌传播	042
任务 3.5	展会品牌经营规划	044

050 项目 4 搭建展会基本框架

任务 4.1	选定展会题材	052
任务 4.2	确定展会名称	054
任务 4.3	确定办展机构	056
任务 4.4	确定办展时间	057
任务 4.5	确定办展地点	059
任务 4.6	确定展品范围	061
任务 4.7	预估展会规模	062

068 项目 5 招展策划

任务 5.1	建立目标参展商数据库	071
任务 5.2	展区和展位划分	073
任务 5.3	展会价格制定及预算的编制	076
任务 5.4	招展进度计划的制订	078
任务 5.5	招展代理与分工	080
任务 5.6	招展宣传与推广	082
任务 5.7	展位营销办法及招展方案的撰写	084

092 项目 6 招商策划

任务 6.1	观众的基本概念及意义	094
任务 6.2	目标观众数据库的建立	097
任务 6.3	观众邀请函及招商方案	099

106 项目 7 展会同期会议及活动策划

| 任务 7.1 | 展会同期会议和活动 | 109 |
| 任务 7.2 | 展会同期会议和活动策划 | 111 |

121 项目 8 展会宣传推广策划

| 任务 8.1 | 展会宣传推广的概念和策略 | 123 |

	任务 8.2　展会宣传推广的渠道	127
	任务 8.3　展会宣传推广的步骤与计划	130

141 | 项目 9　展会服务商及现场管理

	任务 9.1　展会服务商的种类及选择流程	144
	任务 9.2　展会服务商的选择	147
	任务 9.3　展会开幕式、证件及观众管理	151
	任务 9.4　展会布展、展会期间及撤展管理	154
	任务 9.5　展会现场管理方案及参展商手册	157

162 | 项目 10　数字展会及应用

	任务 10.1　数字展会及线上展会发展背景	164
	任务 10.2　线上展会的功能设计	166
	任务 10.3　数字展会的建设与发展	167

174 | 项目 11　展会项目立项策划可行性分析

	任务 11.1　展会项目市场环境分析	176
	任务 11.2　展会项目生命力分析	181
	任务 11.3　展会执行方案可行性分析	183
	任务 11.4　展会项目财务分析	185
	任务 11.5　展会项目立项策划可行性分析报告	190

197 | 项目 12　展会立项策划方案的撰写与汇报

	任务 12.1　展会立项策划方案的撰写	200
	任务 12.2　展会立项策划方案的汇报	203

参考文献　　　　　　　　　　　　　　　　　　　　　　212

项目 1　会展及会展策划认知

📊 **知识框架**

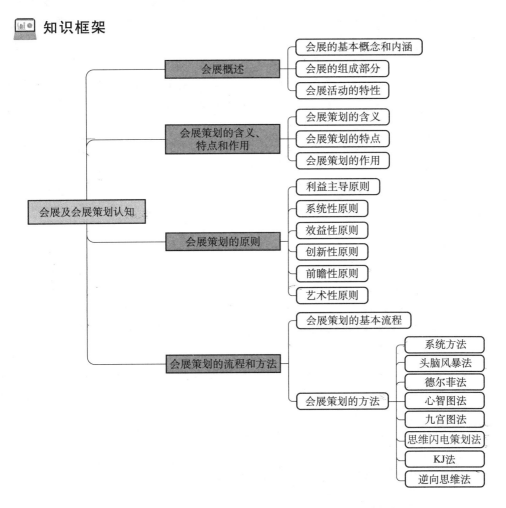

📊 **教学重点**

会展的概念、内涵及会展活动的特性;会展策划的概念、原则、基本理论;会展策划的基本方法。

📊 **教学难点**

会展活动的特性;会展策划的原则;会展策划的方法。

学习情境描述

2021年服贸会都有哪些新亮点

2021年服贸会于9月2日至7日在北京国家会议中心和首钢园"双会场"举办。服贸会设置约13万平方米展览展示、200余场论坛和会议及推介洽谈活动。9月3日至4日为专业观众日,9月5日至7日为公众开放日。此次服贸会围绕主题举办全球服务贸易峰会、论坛和会议、展览展示、推介洽谈、成果发布、边会6类活动。

服贸会综合展位于国家会议中心一层,分为国别展、省区市及港澳台展、中国服务贸易发展成就展和数字服务专区展,突出展示发展最新前沿、最新成果和最新应用场景。

值得关注的是,中国服务贸易发展成就展为本次服贸会首次推出,展区占地851平方米。北京城建设计发展集团新文创策略研究中心主任程璐在现场介绍,展区内90%以上的搭建材料都可实现回收再利用,是秉持减量化、再使用、再循环3R环保理念,助力实现"双碳"行动的绿色展厅。

据悉,综合展共吸引了6个国际组织、40余个国家和地区及12家国际企业参展,突出展示发展最新前沿、最新成果。

首钢园区会场是本届服贸会的专题展区,展区围绕8个专题举办企业展,充分展示各领域在数字化、网络化、智能化发展趋势下的新技术、新模式、新成果。同时,专题配套的论坛会议等活动也首次设在这里。

与现代化的会展中心不同,服贸会首钢园区保留了原有工业遗存的风貌,在此基础上进行功能改造与空间更新,以新旧材料和空间对比延续老首钢工业之美。展区以北园工业遗址公园片区为核心环绕布局,增强了参观者的体验感、游历感,打造独一无二的服贸会文化品牌。

(资料来源:赖志凯,肖婕妤,梁玉栋,等.2021年服贸会,都有哪些新亮点?[N].工人日报,2021-09-01(4)).

上述信息显示了一场展会举办时的基本信息,包括展会的举办场地、展览内容及主要活动等。什么是会展?什么是会展业?会展具有哪些类型和特性?这些问题是会展项目策划与管理课程学习的基础。请通过案例分析、小组讨论等形式,掌握会展的概念、特性等。

学习目标

知识目标

(1) 理解会展的概念、特点和意义。
(2) 掌握会展策划的含义、特点和作用。
(3) 掌握会展策划的基本原则。
(4) 掌握会展策划的基本流程和常用方法。

笔记

能力目标

(1) 能够明晰会展的内涵及意义。
(2) 能够根据需求完成项目的会展策划。
(3) 能够掌握会展策划的基本原则和常用方法。

素质目标

(1) 具备会展从业技能要求的各项素养目标。
(2) 培养会展策划的创新能力、追求卓越的精神。
(3) 培养社会责任感,增强民族自信心,提高职业素养,提升职业能力。

笔记

任务 1.1 会 展 概 述

引导问题 1:你眼中的会展是什么?

1.1.1　会展的基本概念和内涵

在国际上,公认的"会展业"指 MICE-industry,其含义非常广泛,包含公司业务会议(meeting)、奖励旅游(incentive travel)、协会/团体组织会议(convention)和展览(exhibition)四部分。随着会展形式的不断发展,节事活动(event)被纳入 MICE 中,因此,会展业的内涵可以理解为会议、展览、奖励旅游及节事活动。由于会展业可以吸引大量商务客和游客,促进产品市场的开拓、技术和信息交流、对外贸易和旅游观光,并以此带动交通、住宿、商业、餐饮、购物等多项相关产业的发展,因此被称为"无烟工业"。

在研究会展理论时,由于研究者具有不同的社会背景和研究目的,他们往往对会展的含义有不同的阐释。一种观点认为,会展就是会议和展览会,被称为 C&E 或者 M&E。这是狭义的会展概念。还有学者认为,所谓 MICE 的"E"不仅指 exhibitions(展览),还应包括 events(节事),按照这一观点,诸如节日庆典、体育运动会、文艺演出等活动都属于会展,从而大幅扩展了会展的范围。

尽管会展的表现形式和名称有很大差异,但都属于一种活动;同时它们也具有本质上的共性:其一,它们都是一种地域空间内的人群聚集;其二,它们都是物质文化的交流活动。会展应是具有以上共性的各种活动的集合,因此,会展是指在一定区域空间,由多人聚集在一起形成的集体性的物质和文

笔记

化交流活动。按照《国民经济行业分类》(GB/T 4754—2011)的规定,"会展业"全称是"会议展览服务业",行业代码 L7292,对其具体解释是"为商品流通、促销、展示、经贸洽谈、民间交流、企业沟通、国际往来而举办的展览和会议活动"。

❓ 引导问题2:我们所说的会展活动都包括哪些?你参加过哪种展览?

_____

_____

_____

1.1.2 会展的组成部分

资料:会展的组成部分

　　根据广义会展的概念,现代会展主要由会议、展览、奖励旅游和节事活动四部分组成。会议是指人们怀着相同或不同的目的,围绕一个共同的主题,进行信息交流或聚会、商讨的活动。展览是指一种市场活动,在特定时间内众多厂商聚集于特定场地陈列产品,从而推销其最新的产品或服务。奖励旅游的目的是协助企业达到特定的目标,并给予达到该目标的参与人士一个旅游假期以作奖励。节事活动是群体性的休闲娱乐活动。

❓ 引导问题3:会展活动具有哪些特性?

_____

_____

_____

1.1.3 会展活动的特性

一般来说,会展活动具有以下特性。

1. 集聚性

会展活动的集聚性是指会展的举办会带来源源不断的商流、物流、人流、资金流和信息流,使大量的人、物、信息在同一时间、空间集聚。

2. 综合性

会展活动的综合性是指展览往往与会议、各类节事活动密切结合。如今大型的会展活动往往"会中有展、展中有会、以展养会、以会促展"。展览与会议、各类经贸活动、旅游活动、艺术节、庆典相互结合,共同配合。

3. 辐射性

会展活动是一种综合性的社会、经济、文化活动,涉及城市建设、交通、金融、通信、旅游、住宿、餐饮、商贸、物流等众多相关部门与行业。

4. 直观性

会展活动是面对面的交流。会展活动可以充分满足观众"百闻不如一见""眼见为实"的心理。观众可以直接触摸展品,亲身体验产品的各种性能。

5. 艺术性

会展活动非常重视对视觉冲击的追求,为了突出展示产品的形象,展览的主办者和参展者往往综合运用声、光、色、形及图文等艺术手段,将展馆、环境、展品布置得美轮美奂。

6. 前瞻性

会展活动能够超前、全面、专业地通过会议和展示来讨论并展现当前社会科学技术和工农业生产的发展趋势及最新成果。展会往往是引领世界潮流新产品"横空出世"的最佳舞台。

微课:会展的概念和分类

任务1.2 会展策划的含义、特点和作用

引导问题4:我们已经理解了会展的基本概念与会展活动的特点,那么应如何策划一场展会呢?究竟什么是会展策划呢?

_____
_____
_____
_____

1.2.1 会展策划的含义

策划是指充分利用现有信息和资源,判断事物变化发展的趋势,全面构思、设计,选择合理、有效的方案,使之达到预期目标的活动。策划是一项综合性的系统工程,目标是起点,信息是基础,创意是核心。会展策划就是会展企业根据收集和掌握的信息,对会展项目的立项、方案实施、品牌树立和推广、会展相关活动的开展、会展营销及会展管理进行总体部署和具有前瞻性规划的活动。从广义上讲,会展策划应涵盖会展的市场调研、方案策划、销售和营运管理等内容。

微课:会展的含义、特点和作用

会展策划要求对会展活动的全过程进行全方位的设计并找出最佳解决方案,以实现企业开展会展活动的目标。成功的会展活动源于成功的会展策划,成功的会展策划源于对社会资源的有效整合,会展策划是对相关社会资源进行整合的过程,因此,需用系统的观念去认识资源,用系统的方法去分析整合资源,用系统的功能去实现资源的优化。

笔记

❓ **引导问题 5**：会展策划是一项综合性工程，成功的会展活动源于成功的会展策划，那么会展策划有哪些特点呢？

_____

_____

_____

1.2.2 会展策划的特点

总的来说，会展策划具有针对性、系统性、变异性、可行性等特点。

1. 针对性

在进行会展策划时，首先要明确会展活动应达到的目的。有些展会以特定消费群体的生活方式为依据，具有鲜明的主题，这就要求策划者必须围绕主题组织展品、开展活动。

2. 系统性

会展策划是对整个会展活动的运筹规划，因此具有系统性的特点。会展策划时要针对会展的各个方面、各个环节进行权衡。坚持系统性可以减少会展策划的随意性和无序性，提高效率。随着会展理论研究的不断深入，近年来有学者提出"立体策划"的概念，也是会展策划系统性的一种表现。

3. 变异性

会展策划必须充分考虑市场的变化。变异性强调对市场环境的适应性，是为了更有效地实现既定的战略目标。

4. 可行性

可行性是指会展策划方案在现实中要切实可行。一般说来，会展策划方案必须经过分析论证才能实施，分析论证策划方案的可行性主要围绕策划的目标定位、实施方案及经济效益等主要方面进行。

❓ **引导问题 6**：会展策划的作用是什么？

_____

_____

_____

资料：会展的策划作用

1.2.3 会展策划的作用

对于会展的组织者来说，会展策划是会展运作的核心环节，也是后期会展项目运营和执行的依据，因此，会展策划工作对一个会展项目来说具有十分重要的作用。会展策划主要有战略指导作用、实施规划作用、进程制约作用、效果控制作用、规范运作作用等。

任务1.3　会展策划的原则

引导问题7：会展策划需要遵守哪些原则？

_____
_____
_____

原则是指行事所依据的准则，是经过长期经验总结得出的合理化的规则。实践中，会展策划也需要遵循一定的原则。会展策划的原则主要有利益主导原则、系统性原则、效益性原则、创新性原则、前瞻性原则、艺术性原则等。

资料：会展策划的原则

微课：会展策划的原则

任务1.4　会展策划的流程和方法

引导问题8：会展策划有哪些流程？

_____
_____
_____

1.4.1　会展策划的基本流程

会展策划涉及多方面的内容，包括会展的调查与分析、会展的决策与计划、会展的运作与实施、会展的效果评价与测定等。

大型展会的策划不仅要考虑经济因素，还要考虑政治因素、社会文化因素等，参照国际展会的惯例，一般展会的策划流程主要包括以下几个方面。

（1）成立策划小组。通常会展策划小组应包括项目主管、策划人员、文案撰写人员、会展设计人员、市场调查人员、媒体联络人员、公关人员等。

（2）进行市场调查。会展市场调查是会展策划的基础。主办者需要将市

笔记

场调研的重点放在以下四个方面：①市场前景分析，如政策可行性、市场规模及类型等；②同类展会的竞争能力分析；③本次展会的优势条件分析；④潜在客户需求调查。

在瞬息万变的市场中，如果没有科学的市场调研和预测做先导，会展的策划、运作就很难达到预期的目的。

（3）决定会展策略。在进行充分的市场调研与预测后，需要进行会展目标市场的定位，制订会展营销计划，并制定相应的策略，包括展览会的类型、产业标准、地理细分、行为细分等。

（4）制定媒体策略。

（5）制订设计方案策略。

（6）制订预算方案。

（7）撰写策划方案。

（8）实施效果评估。

引导问题9：会展策划的方法有哪些？

_____
_____
_____

1.4.2 会展策划的方法

通常所说的策划是指利用现存的可利用资源，选择最佳手段完成策划目标的过程。会展策划的方法是多种多样的，到底选择哪种方法进行策划，不仅要看会展策划团队所能利用的资源条件，更要看策划者所具备的学识、能力和素养。会展策划常用的方法有系统方法、头脑风暴法、德尔菲法、心智图法、九宫图法、思维闪电策划法、KJ法、逆向思维法等。

引导问题10：什么是会展策划的系统方法？

_____
_____
_____

1. 系统方法

系统方法的主要原理是把事物看作一个完整的系统，这个系统既包括自身组成要素的各个方面，又包括各要素间的联系及各相关事物间的关系与地位。系统方法要求从系统的一方面或几个方面或整体出发，对策划对象进行不同角度的整体分析，系统方法通常有以下五个步骤：①确定策划目标；②综合拟订方案；③分析评价方案；④系统选择策划方案；⑤跟踪实施，调整方案。

? **引导问题 11**：什么是会展策划的头脑风暴法？

_____

_____

_____

2. 头脑风暴法

头脑风暴法（brain storming）由美国 BBDO 广告公司的奥斯本首创，该方法主要由小组人员在正常融洽和不受任何限制的气氛中以会议形式进行讨论、座谈，打破常规，积极思考，畅所欲言，充分发表看法。

头脑风暴法出自"头脑风暴"一词，最早是精神病理学上的用语，指精神病患者的精神错乱状态，现在多指无限制的自由联想和讨论，其目的在于产生新观念或激发创新设想。在群体决策中，由于群体成员心理相互作用影响，易屈于权威或大多数人意见，形成所谓的"群体思维"。群体思维削弱了群体的批判精神和创造力，损害了决策的质量。为保证群体决策的创造性，提高决策质量，管理上发展了一系列改善群体决策的方法，头脑风暴法是较为典型的一种。头脑风暴法的优点是可以获取广泛的信息、创意，互相启发，集思广益，在大脑中掀起思考的风暴，从而启发策划人，制订优秀的策划方案。

? **引导问题 12**：什么是会展策划的德尔菲法？

_____

_____

_____

3. 德尔菲法

德尔菲法是指采用函询的方式或电话、网络的方式，反复咨询专家们的建议，然后由策划人进行统计，如果结果不趋向一致，那么就再征询专家的建议，直至得出比较统一的方案。这种策划方法的优点是专家们互不见面，不会产生权威压力，因此，他们可以自由地、充分地发表自己的意见，从而得出比较客观的策划方案。

? **引导问题 13**：什么是会展策划的心智图法？

_____

_____

_____

4. 心智图法

心智图法主要采用图纸式的概念，以线条、图形、符号、颜色、文字、数字等各种方式，将意念和信息快速以上述方式摘录下来，成为一幅心智图，如图 1-1 所示。

笔记

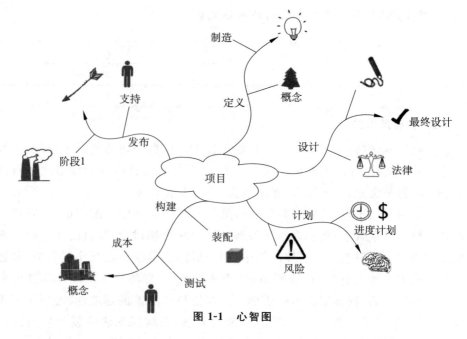

图 1-1　心智图

引导问题 14：什么是会展策划的九宫图法？

_____
_____
_____

5. 九宫图法

九宫图法是利用一幅九宫格图，将主题写在中央，然后把由主题所引发的各种想法或联想写在其余的 8 个圈内，如图 1-2 所示。

引导问题 15：什么是会展策划的思维闪电策划法？

_____
_____
_____

6. 思维闪电策划法

思维闪电策划法是指在特定环境或气氛下，以个人或群体知识、经验、判断为基点，通过亲身的感受和直观的体验而闪现出的智慧之光的一种创造性思路，可以比较全面地揭示事物或问题的本质，较适合主题创新。

引导问题 16：什么是会展策划的 KJ 法？

_____
_____

4	5	6	4	5	6	4	5	6
3	D子题	7	3	E子题	7	3	F子题	7
2	1	8	2	1	8	2	1	8
4	5	6	D	E	F	4	5	6
3	C子题	7	C	主题	G	3	G子题	7
2	1	8	B	A	H	2	1	8
4	5	6	4	5	6	4	5	6
3	B子题	7	3	A子题	7	3	H子题	7
2	1	8	2	1	8	2	1	8

图 1-2　九宫图

7. KJ 法

KJ 法的创始人是东京工业大学教授、人文学家川喜田二郎，KJ 是其姓名的英文 Jiro Kawakita 的缩写。KJ 法又称 A 型图解法、亲和图法（affinity diagram），是新的质量控制七大手法之一。KJ 法所用的工具是 A 型图解。A 型图解就是把收集到的某一特定主题的大量事实、意见或构思语言资料，根据它们之间的关系进行分类综合的一种方法。所谓 KJ 法，就是将未知的问题、未曾接触过领域问题的相关事实、意见或设想之类的语言文字资料收集起来，并利用其内在的相互关系制成归类合并图，以便从复杂的现象中整理出思路，抓住实质，找出解决问题的途径的一种方法。KJ 法有利于打破现状，进行创造性思维，从而采取协同行动，求得问题的解决。

资料：KJ 法的工作步骤

引导问题 17：什么是会展策划的逆向思维法？

_____
_____
_____

8. 逆向思维法

逆向思维法是指为实现某一创新或解决某一常规思路难以解决的问题，而采取反向思维寻求解决问题的方法。正反向思维起源于事物的方向性，客观世界存在着互为逆向的事物，由于事物的正反向，才产生了思维的正反向，两者是密切相关的。法拉第成功地发现电磁感应定律即是运用逆向思维方法的著名案例。1820年,丹麦哥本哈根大学物理教授奥斯特发现存在电流的磁效应,英国物理学家法拉第怀着极大的兴趣重复了奥斯特的实验,并受德国古典哲学中辩证思想的影响,认为既然电能产生磁场,那么磁场也能产生电,电和磁之间必然存在联系并且能相互转化。经过十年不懈的努力,1831年,法拉第提出了著名的电磁感应定律,并根据这一定律发明了世界上第一台发电装置。如今电磁感应定律正深刻改变着我们的生活。

逆向思维在各种领域、各种活动中都有适用性。由于对立统一规律是普遍适用的,而对立统一的形式又是多种多样的,有一种对立统一的形式,相应的就有一种逆向思维的角度,所以逆向思维也有多种形式,不论哪种方式,只要从一个方面想到与之对立的另一方面,都是逆向思维,如图1-3所示。

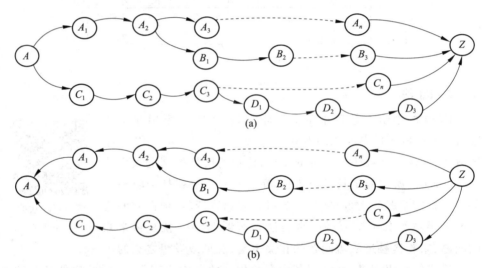

图1-3 逆向思维法

总之,不论采取哪种策划方法,都必须围绕会展目标进行。从根本上来说,会展策划是调动一切可以利用的资源,运用科学合理的方法与手段,对会展项目进行筹划、指导运作、实施的过程。会展策划所采用的方法是否得当往往是策划方案是否可行的重要因素。

微课:会展策划的流程和方法

会展作为一种营销方式,在开拓市场、巩固市场等方面发挥着重要作用。但是会展是一项复杂的、浩繁的工程,它的工作环节很多,为了保证其顺利、有效地开展,必须重视会展的策划工作。有学者指出,只有当会展被认为是最有效的营销方式时才决定会展,而在决定会展后,能激发创意、有效运用手中的资源、选定可行性的方案、达到预期目标或解决一个难题,就是策划。会展策划在整个会展过程中扮演着重要角色。

任务目的

通过小组分工合作,采用合适的方法对本组拟策划的展览项目进行策划,锻炼学生对本章会展策划的流程、原则、方法等知识的掌握和各项能力的运用,培养学生思维的灵活性、变通性和深刻性,锻炼团队精神、创新思维能力、逆向思维能力等,塑造为国为民、胸怀天下的职业情怀。

 任务名称

本组展览项目思维闪电(或采用其他策划方法)。

 任务分组

班级		小组名称		指导教师	
组长		学号		分工	
成员		学号		分工	
成员		学号		分工	
成员		学号		分工	
成员		学号		分工	
成员		学号		分工	

 任务实施

1. 活动目的

通过理解会展概念的内涵与外延,把握会展的核心,了解会展发展的历史沿革及趋势,全方位为今后开展会展策划、活动策划、会展宣传活动奠定坚实的理论基础。通过了解会展公司的主要职能及岗位设置,明晰自己的发展方向,找到自身与岗位要求的差距,为未来知识的学习和专业技能的锻炼指明方向。

2. 活动要求

(1) 分组,每组 3~5 人。

(2) 以小组形式完成不同类型展会案例和资料的查找,在组内讨论各个展会的主题、类型、办展目的、执行公司、主要展品和活动等。

(3) 小组讨论交流后与教师进行讨论,加深对展会基础理论的理解,为展会项目策划做准备。

3. 活动步骤

(1) 分组,确定组长、成员。

(2) 查找会展项目案例和资料。

笔记

（3）在组内讨论各个展会的类型、特性、采用适合的策划方法并进行策划。以下以运用思维闪电为例，也可采用其他方法。

第一步：确定组长，分发卡片，准备开展思维闪电（独立完成）。

第二步：开展思维闪电，把思维结果（自办展览项目名称）写在卡片上（记住反面记号）。

第三步：由组长收集卡片，交老师打乱顺序并重新发给大家。

第四步：组长宣读卡片内容，如有疑问可请创意者答疑解释（按反面记号）。

第五步：根据组长宣读卡片内容，把自己手中意思相近的卡片归类到组长处，并由组长高度概括成一张新的卡片。

第六步：组长召集小组成员简单交流，达成小组共识，最后派一位代表做大会发言。

第七步：根据小组意见和大会发言，由教师确定本组展览项目的顺序。

第八步：根据项目招投标原理确定项目负责人分别策划展览项目。

（4）小组讨论交流、师生讨论评价。

任务评价

小组自评、小组互评与教师评价相结合。自我评价占10%，小组成员组内互评占10%，小组互评占10%，教师评价占70%。任务评价表如表1-1所示。

表1-1 任务评价表

班级		组名		日期			
评价点	评价要素	分值	自我评价	组内互评	组间互评	教师评价	总评
能力目标1	能够综合分析和运用会展内涵及意义，为后面项目任务做准备	14					
能力目标2	能够根据需求完成项目的会展策划流程设计	16					
能力目标3	能够分析和综合运用会展策划的基本原则和常用方法，选用头脑风暴法、德尔菲法等合适的方法完成本组拟策划的会展项目的策划思路设计	26					
素质目标1	具备会展行业要求的勤奋、敬业等素养目标和勤动手脑的劳动精神以及养成自主学习的习惯	8					

续表

评价点	评价要素	分值	自我评价	组内互评	组间互评	教师评价	总评
素质目标2	在会展项目策划中体现出会展对经济的促进作用和对国家发展战略的推动作用,具有投身会展业、助力行业发展的职业理想和社会责任感	7					
素质目标3	能正确使用合适的策划方法,具有创新能力、创业思维	7					
素质目标4	具有评价其他成员和其他小组的会展项目策划成果的能力,具有批判性思维和欣赏他人、帮助他人的品格	7					
素质目标5	具有团队精神和合作意识	8					
素质目标6	追求卓越,不断完善改进,在合作中体现自己的价值,认识自我、成就自我,大方自信	7					
总分		100					
有益经验							
总结反思							

任务拓展

实地参观身边的展会,初步认知展会,并结合所学会展及会展策划知识交流分享参观感受。

项目小结

本项目主要学习了会展的基本概念、分类、内涵等;深入了解了会展策划的含义、特点、作用、原则、流程和方法;在掌握这些知识的基础上,培养了运

笔记

用、分析、综合相关知识的能力,并能够进行自我评价和评价他人;同时,本项目还注重培养关注民生、社会担当、助力行业、经世济民、胸怀天下的家国情怀,以及尽职、敬业、勤勉的职业素养和精益求精、崇尚卓越的职业态度,具有分工合作、团结协作的团队精神,具备养成自主学习的习惯。

 知识测评

资料:会展及会展策划
认知知识测评

项目 2　展会项目信息收集

📖 知识框架

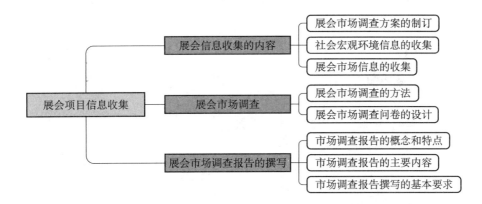

📖 教学重点

展会信息收集的内容;展会项目市场调查的方法;展会市场调查报告的撰写。

📖 教学难点

信息收集;展览项目市场调查;市场调查报告。

📖 学习情境描述

商务部:大力支持海南会展业加速发展

根据《海南自由贸易港建设总体方案》的要求,商务部将从以下几个方面大力支持海南展览业加快实现高质量发展。

一是立足职能优化政府服务。深化展览业"放管服"改革,允许外国机构在海南自由贸易港独立举办除冠名"中国""中华""全国""国家"等字样外的涉外经济技术展,将外国机构独立举办或合作主办的涉外经济技术展审批权限下放至海南省,为企业提供便利,助力海南展览业的发展。

二是全力支持海南办好首届中国国际消费品博览会。举办中国国际消费品博览会是

笔记

优化我国展览业总体布局的一项重要内容,是推进海南自由贸易港建设、服务构建新发展格局的务实举措。中国国际消费品博览会将有效汇聚国内国际优质消费精品,有助于优化国内市场供给,更好地满足人民美好生活的需要,同时,有利于促进内外需、进出口协调发展,在更高水平开放上形成良性循环。

三是进一步支持海南优化展会布局。结合自由贸易港建设,支持海南省打造综合性投资贸易展会平台,整合优化资源配置,发挥展会的投资促进平台作用和溢出带动效应,支持海南会展业做大做强。

四是进一步支持海南创新展会服务模式。支持海南展览业新业态、新模式创新,加快信息化进程,大力推动展会项目数字化转型,深化国际交流合作,强化展会的国际营销和对外宣传推广,健全海南展览产业链。

(资料来源:https://www.qufair.com/news/2021/04/27/28780.shtml.)

你可以从上述案例中获得哪些展会信息?请思考,如果你要举办一个展会,前期需要收集哪些信息?这些信息需要从哪些渠道获得呢?

学习目标

知识目标

(1) 了解市场信息的种类。
(2) 掌握市场信息收集的方法。
(3) 掌握问卷设计相关知识。
(4) 掌握展览项目市场调查报告的体例、内容和撰写。

能力目标

(1) 能运用合适的信息收集方法获取本组展会所需要的信息。
(2) 根据调查需要设计调查问卷并开展问卷调查。
(3) 能够根据需求撰写、汇报、评价展会项目市场调查报告。

素质目标

(1) 具备会展从业实事求是、精益求精的职业素养和勤奋、务实的劳动精神。
(2) 收集信息时能体会到会展项目对国家战略和行业经济的促进作用,体现会展人勇于担当、积极融入时代发展的家国情怀。
(3) 综合运用各项收集方法,准确把握宏观环境、市场环境等,具有务实精神和大局意识以及创业精神。
(4) 具有评价其他成员和其他小组的市场调查报告成果的能力,具有批判性思维和欣赏他人、帮助他人的品格及客观公正的品质。
(5) 具有团队精神和合作意识。
(6) 有追求卓越的精神,在撰写市场调查报告时不断提升自己,在合作中体现自己的价值,认识自我、成就自我,大方自信。

任务 2.1　展会信息收集的内容

❓ 引导问题 1：进行会展市场调查之前，需要先制订调查方案。市场调查方案主要包括哪些内容？

_____
_____
_____

2.1.1　展会市场调查方案的制订

为了策划一个展会项目，需要在策划之前收集足够的信息来为策划提供参考依据，没有进行信息收集并未在充分收集信息的基础上进行的会展策划是盲目的，因此需要针对拟策划的展会项目开展市场调查。在开展市场调查之前，调查人员需要先做市场调查的整体构思，制订市场调查方案。展会市场调查方案主要包含前言、确定市场调查目的、选定调查内容、确定调查对象与抽样、调查员的培训、人员安排与控制、调查方法及具体实施、调查程序及时间安排、经费预算等。有了详尽的市场调查方案，后续的市场调查工作才能有序展开。展会市场调查可以围绕拟策划的展会选题展开。

资料：展会策划选题

❓ 引导问题 2：在策划展会之前，需要对办展的宏观环境进行全面了解，因此首先需要收集的信息就是社会宏观环境信息。应该从哪些方面来收集社会宏观环境信息呢？

_____
_____
_____
_____

2.1.2　社会宏观环境信息的收集

在策划展会之前，策划者或者决策者要全面收集办展的社会宏观环境信息、市场环境信息等，再以收集到的信息为依据，做出科学的判断。社会宏观环境信息具体包括社会文化环境信息、经济环境信息、政治法律环境信息、科学技术环境信息等。

1. 社会文化环境信息

社会文化环境信息包括社会文化习俗、宗教信仰、重要节假日以及休假习惯等，了解这些可以做到尊重当地的信仰和习惯，以便选择恰当的办展时机。

2. 经济环境信息

经济环境信息包括举办地的经济发展状况、产业结构集聚度、产业发展现状与趋势、从业人员数量与分布以及对其周边地区的辐射能力等。收集经济环境信息是为了了解产业规模,从而制订准确的展会发展规划。

3. 政治法律环境信息

政治法律环境信息包括了解社会是否稳定、产业发展规划与优惠政策、市场准入政策以及与展览会相关的法律法规等,收集这些信息可以使展会符合产业发展规划,争取政府部门的支持,避免相关法律的不利影响。

4. 科学技术环境信息

了解新技术在产业中的应用状况等信息,掌握新产品的开发周期,为确定展会频率、办展时间等提供参考。

引导问题3:在收集市场信息时,通常我们从哪些方面进行?

_____
_____
_____

2.1.3 展会市场信息的收集

市场信息的收集是策划一个展会项目最重要的前提和基础工作。市场信息的收集过程是一个有目的、有计划、系统性的市场调查过程,通过各种市场调查手段,系统收集和整理相关市场信息和资料,全面、客观地反映市场真实态势,为办展机构进行科学决策提供依据。

现阶段,大部分的展会为商业性展会。商业性展会的举办要求对市场有全面的了解,对各种市场信息有全面的认识和深入分析,并在此基础上做出科学的决策。

一般来说,从策划举办一个展会活动的角度来看,市场信息的收集主要涉及产业、市场、相关法律法规、同类展会等方面。

1. 产业信息

资料:产业生命周期的特点

产业发展状况直接决定展览会能否成功举办。收集相关产业信息主要是为了从产业角度预测该产业举办展览会的必要性与可行性。举办一个展会需要收集和掌握的产业信息主要包括以下几个方面。

(1)产业性质。每个产业均有其产业生命周期。产业的发展通常要经过形成期、扩张期、成熟期、衰退期四个阶段,各个时期有各自不同的发展特点。

处于初创期和衰退期的产业,市场容量较小,盈利性较差,较难举办展览会;而处于成长期或成熟期的产业,市场容量不断增大,企业盈利好,较适合举办展览会。

(2) 产业规模。产业规模主要是指该产业的生产总值、销售总额、进出口总额和从业人员数量等,这是策划展会的重要参考依据,如产业的生产总值和销售总额可以为预测展会规模提供依据,从业人员数量可以为预测展会专业观众数量提供基础。

(3) 产业分布状况。了解产业分布状况是展会未来招展和制订宣传推广策划方案的重要依据,只有翔实了解产业生产、销售的地域范围,才能策划出切实可行的招展及宣传推广方案。此外,还需要收集与展会主题关联的产业经营规模、数量分布、产品产量、知名企业、进步技术、产业技术含量、民间社团、专业媒体以及国家产业政策等相关信息,以确定办展地点和展览形式等。

(4) 行业热点。收集市场信息还需要全面了解行业热点话题、行业亮点、行业发展趋势等有关信息。

2. 市场信息

目前我国展会的市场化程度越来越高,展会策划也更多针对商业化展会,因此,在策划展会前需要对市场进行全面的了解,需要收集的市场信息主要包括以下几个方面。

(1) 市场规模。市场规模的大小是举办产业展会的市场基础,如果规模过小,展会则很难举办成功。

(2) 市场竞争态势。市场竞争态势是指产业内部企业之间的竞争关系以及政府对该产业的控制力和影响力。对于垄断性较强的产业,竞争态势弱,展会举办的难度较大;市场竞争自由,竞争态势强的产业,展会则较容易举办。

(3) 市场发展趋势。市场发展趋势直接影响展会的发展前景,因此,展会策划之初就需要对市场容量、市场分布状况等信息进行收集并做出判断。

(4) 相关产业状况。这里的相关产业指的是该产业上下游产业链涉及的产业对该产业的需求状况。展会策划之初需收集相关产业的企业数量、分布状况以及对产业产品的需求状况、经销商数量和分布情况等。

(5) 行业协会状况。行业协会是指介于政府与企业之间,商品生产者与经营者之间,并为其服务、咨询、沟通、监督、公正、自律、协调的社会中介组织。它作为政府与企业之间的桥梁,向政府传达企业的共同要求,同时协助政府制订和实施行业发展规划、产业政策、行政法规和有关法律,并起到一定的监督、市场准入资格审查、统计、研究等作用。了解这些行业协会的情况有利于了解本行业方针政策等情况,也可以与其达成某些方面的合作。

3. 相关法律法规

无论是产业还是市场,都受国家有关法律法规的影响和约束,因此相关的法律法规也直接或间接影响着展会的举办。在策划展会前,应收集的相关法律法规主要包括产业发展规划、产业政策、海关有关规定、市场准入规定、知识产权保护等方面。例如,货物进出口政策、货物报关规定、关税规定、对举办展览会的企业或机构资格的审定、国家对外资进入该产业的政策规定、有关交通、消防、安全、健康卫生规定等。

4. 同类展会信息

在策划举办新的展会时,一定要对该行业内现有的展会情况有所了解,包括同类展会的数量和分布情况、同类展会之间的竞争态势、重点展会的基本情况等,如竞品展会规模、展商构成、展位售价、参观效果、现场服务措施、竞品展会主办方发展动向等。

微课:展会市场信息的收集

任务 2.2　展会市场调查

❓ 引导问题 4:你知道如何对展会项目进行市场调查吗?

2.2.1　展会市场调查的方法

资料:展会市场调查的方法

根据收集到的资料的性质,市场调查的方法可以分为原始资料收集法和二手资料收集法。原始资料收集法根据收集方式的不同可以分为观察法、访问调查法、实验法等。二手资料调查也称文案调查、桌面调查、间接调查、资料调查。除实验法在会展市场调查中应用较少外,一般来说展会市场调查可以采用原始资料收集法、二手资料调查法等方法。

除了调查者开展调查,也可以委托专门的市场调查机构调查收集信息。

❓ 引导问题 5:有时候市场调查需要用到调查问卷。应如何设计调查问卷呢?

2.2.2　展会市场调查问卷的设计

在市场调查中经常使用问卷,如通用的访问法在调研中经常依赖问卷的使用。问卷是为了达到调研目的和收集必要数据而设计的一系列问题,问卷提供标准化和统一化的数据收集程序,可以用于展会满意度调查,便于主办方了解参展客商、观众对于展会服务品质、参观效果的评价以及收集反映的问题、改进的建议等信息。这种市场调查常常需要设计并制作符合调查目的、达到调查要求的规范问卷。市场调查问卷主要由开头部分、甄别部分、主体部分和背景部分四部分构成。

资料:调查问卷的设计

问卷设计好之后,印刷成纸质问卷或者通过电子版的形式发放给调查对象,并回收问卷、统计调查结果,最后通过调查结果得出调查结论,供策划者或者决策者参考。

微课:展会市场调查的方法

任务2.3 展会市场调查报告的撰写

引导问题6:开展市场调查后,需要根据市场调查信息撰写市场调查报告,什么是市场调查报告呢?

2.3.1 市场调查报告的概念和特点

市场调查报告是根据市场调查、收集、记录、整理和分析市场对商品的需求状况以及与此有关的资料的文书。会展市场调查报告是会展项目调查人员以书面形式反映市场调查内容及工作过程,并提供调查结论和建议的报告。市场调查报告是市场调查研究成果的集中体现,其撰写的好坏将直接影响到整个市场调查研究工作的成果质量。一份好的市场调查报告,能给展会项目的市场经营活动提供有效的导向作用,能为企业决策提供客观的依据。

市场调查报告和普通调查报告在材料的形成和结构布局方面存在着明显的共性特征,但市场调查报告比普通调查报告在内容上更为集中,也更具专门性。一般来说,市场调查报告具有以下特点。

(1) 针对性。市场调查报告是决策机关做出决策的重要依据,必须有的放矢。

(2) 真实性。市场调查报告必须从实际出发,通过对真实材料的客观分析,得出正确的结论。

(3) 典型性。典型性主要表现为以下两点。一是对调查得来的材料进行科学分析,找出反映市场变化的内在规律。二是报告的结论要准确可靠。

(4) 时效性。市场调查报告要及时、迅速、准确地反映、回答现实经济生活中出现的新情况、新问题,突出"快""新"二字。

笔记

引导问题7：市场调查报告具体包含哪些内容？

_____
_____
_____

2.3.2 市场调查报告的主要内容

从严格意义上说，市场调查报告没有固定的格式，市场调查报告的写作主要依据调查目的、内容、结果以及主要用途来定。一般来说，市场调查报告在结构上包括标题、导言、主体部分和结尾几部分，有的市场调查还有附录。

1. 标题

市场调查报告的标题即市场调查的题目。标题必须准确揭示调查报告的主题思想，要简单明了、高度概括、题文相符。

2. 导言

导言是市场调查报告的开头部分，一般说明市场调查的目的和意义、介绍市场调查工作基本概况，如市场调查的时间、地点、内容和对象以及采用的调查方法、方式。这是比较常见的写法。也有调查报告在导言中先写调查的结论是什么，或直接提出问题等，这种写法能提高读者阅读报告的兴趣。

3. 主体部分

这是市场调查报告的主要内容，是表现调查报告主题的重要部分。主体部分要客观、全面地阐述市场调查获得的材料、数据，用这些材料和数据来说明有关问题，得出有关结论；对有些问题、现象要做深入分析、评论，同时要客观认识调研的局限性等。总之，主体部分要善于运用材料来表现调查的主题。

4. 结尾

结尾主要是形成市场调查的基本结论，也就是对市场调查的结果做一个小结。有的调查报告还要提出对策措施，供有关决策者参考。

5. 附录

有的市场调查报告还有附录。附录部分一般是有关调查的统计图表、有关材料的出处、参考文献等。

引导问题8：撰写市场调查报告有哪些基本要求？

_____
_____

2.3.3 市场调查报告撰写的基本要求

撰写市场调查报告应注意以下几个要求。

（1）调查报告力求客观真实、实事求是。调查报告必须符合客观实际，引用的材料、数据必须是真实可靠的，反对弄虚作假或者以偏概全，总之，要用事实来说话。

（2）调查报告要做到调查资料和观点相统一。市场调查报告是以调查资料为依据的，即调查报告中所有的观点、结论都以大量的调查资料为根据。在撰写过程中，要善于用资料说明观点，用观点概括资料，二者相互统一，切忌调查资料与观点相分离。

（3）调查报告要突出市场调查的目的。撰写市场调查报告必须目的明确、有的放矢，任何市场调查都是为了解决某一问题或者为了说明某一问题。市场调查报告必须围绕市场调查目的来进行论述。

（4）调查报告的语言要简明、准确、易懂。

（5）报告要有科学撰写程序。市场调查报告写作的一般程序包括确定标题、拟定写作提纲、取舍选择调查资料、撰写调查报告初稿、修改、定稿等。

微课：展会市场调查报告的撰写

 任务目的

通过完成展会项目市场调查报告，进一步掌握展会项目信息收集的方法和途径、市场调查报告的撰写等知识内容，并锻炼问卷设计、信息收集、市场调查方法的运用，进行宏观环境、市场环境信息的收集以及市场调查报告的撰写等能力，为下一步开展展会项目策划确定方向、提供依据，锻炼实际应用能力，培养团队合作精神，体会展会项目对国家战略和行业经济的促进作用，体现会展人勇于担当、积极融入时代发展的家国情怀，提升务实精神、宏观大局意识以及创业精神。

 任务名称

撰写展会项目市场调查报告。

任务分组

班级		小组名称		指导教师	
组长		学号		分工	
成员		学号		分工	
成员		学号		分工	
成员		学号		分工	
成员		学号		分工	
成员		学号		分工	

笔记

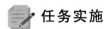 任务实施

1. 活动目的

展会项目信息收集是会展项目策划实施的基础,也是会展项目需求分析必不可少的步骤。只有充分了解市场,才能策划出优秀的会展策划方案。

2. 活动要求

(1) 分组进行,每组3~5人。

(2) 小组共同完成不同类型展会项目信息的收集和整理,并根据需求进行项目需求分析,最终完成该项目的市场调研报告。

(3) 小组讨论交流后与教师进行讨论,加深对展会前期信息收集和项目需求分析的理解。

(4) 与教师探讨基于信息收集与需求分析而得出项目的亮点和创意。

3. 活动步骤

(1) 分组,确定组长、成员。

(2) 查找会展项目案例和资料。

(3) 在组内讨论本组选定的会展项目、展会的特性、信息收集的方法等,制订市场调查方案。

(4) 按照方案实施信息收集、问卷设计和发放、开展市场调查等,统计汇总调查结果并撰写会展项目市场调查报告。

(5) 小组讨论交流、师生讨论评价。

 任务评价

小组自评、小组互评与教师评价相结合。自我评价占10%,小组成员组内互评占10%,小组互评占10%,教师评价占70%。任务评价表如表2-1所示。

表2-1 任务评价表

班级		组名		日期				
评价点	评价要素		分值	自我评价	组内互评	组间互评	教师评价	总评
能力目标1	能运用合适的信息收集方法获取本组展会所需要的信息,制订适当的市场调查方案		10					
能力目标2	根据需要设计调查问卷		14					
能力目标3	能正确开展市场调查,如设计问卷并发放、专家访谈、二手资料收集、环境分析、市场分析等,并完成数据统计、信息汇总,得出调查结果		10					

续表

评价点	评价要素	分值	自我评价	组内互评	组间互评	教师评价	总评
能力目标4	能够撰写并汇报、评价展会项目市场调研报告	22					
素质目标1	具备会展从业实事求是、精益求精的职业素养和勤奋、务实的劳动精神	8					
素质目标2	收集信息时能体会到展会项目对国家战略和行业经济的促进,体现会展人勇于担当、积极融入时代发展的家国情怀;具有良好信息素养,能有效利用网络资源、工作手册等查找案例、有效信息;能将查找到的信息有效转换到工作中	7					
素质目标3	养成会展策划师和会展职业经理人应具备的吃苦耐劳、恪守信用、讲求效率、尊重规律、崇尚卓越的职业态度;综合运用各项收集方法进行宏观环境、市场环境等信息收集,具有务实精神和宏观大局意识以及创业精神;工作计划、工作流程符合规范要求;获得进一步发展的能力;能按要求完成任务,精益求精,不断完善;评价公正、客观	7					
素质目标4	具有评价其他成员和其他小组的市场调查报告成果的能力,具有批判性思维和欣赏他人、帮助他人的品格及客观公正的品质	7					
素质目标5	具有分工合作、团结协作的团队精神;能够倾听、团队合作、分享,与教师、同学之间相互尊重、理解;与教师、同学之间能够有多向、丰富适宜的信息交流	8					
素质目标6	养成自主学习、自我培养、自我认知和自信的性格品质;有追求卓越的精神,在市场调查报告撰写时不断完善、改进自己,在合作中体现自己的价值、认识自我、成就自我,大方自信;探究学习、自主学习不流于形式,处理好合作学习和独立思考的关系,做到有效学习;有良好的学习习惯,全过程参加学习并完成任务,提交任务及时、规范	7					
总分		100					

笔记

笔记

续表

评价点	评价要素	分值	自我评价	组内互评	组间互评	教师评价	总评
有益经验							
总结反思							

 任务拓展

实地参观某个展会,结合所学市场调查知识,开展有关展会展商和观众构成及来源、该展会所处社会环境、客户满意度等方向的调研。

项目小结

本项目主要学习了展会市场信息收集的相关知识,包括展会信息收集的种类、信息收集的方法、调查问卷的设计、市场调查报告的内容和撰写要求以及如何根据收集到的信息选择合适的会展项目等相关知识。同时在掌握知识的基础上,能培养运用、分析、综合相关知识的能力,可以自我评价和评价他人,具备关注民生、社会担当、助力行业、经世济民、胸怀天下的家国情怀,培养尽职、敬业、勤勉的职业素养和精益求精、崇尚卓越的职业态度,具有市场意识和信息素养以及科学规范、实事求是的精神,具有分工合作、团结协作的团队精神,养成自主学习习惯。

知识测评

资料:展会项目信息
收集知识测评

项目 3 展会品牌形象策划

知识框架

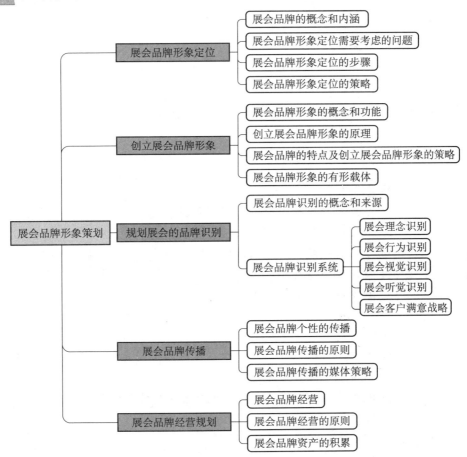

教学重点

展会品牌形象定位;创立展会品牌形象;规划展会品牌传播;展会品牌经营规划。

教学难点

展会品牌形象定位;展会品牌识别;展会品牌传播;展会品牌经营规划。

📝 笔记

📖 **学习情境描述**

中国进出口商品交易会(广交会)概况

中国进出口商品交易会,又称广交会,创办于1957年春,每年春秋两季在广州举办。广交会由商务部和广东省人民政府联合主办,中国对外贸易中心承办,是中国目前历史最长、规模最大、商品最全、采购商最多且来源最广、成交效果最好、信誉最佳的综合性国际贸易盛会,被誉为"中国第一展""中国外贸的晴雨表、风向标"。

广交会是中国对外开放的窗口、缩影、标志,是国际贸易合作的重要平台。自创办以来,广交会历经风雨、从未间断,截至2022年,已成功举办132届,与全球229个国家和地区建立了贸易关系,累计出口成交约1.5万亿美元,累计到会和线上观展境外采购商约1 000万人,有力促进了中国与世界各国的贸易交流和友好往来。

(资料来源:广交会官网,https://www.cantonfair.org.cn/zh-CN/customPages/about#2.)

上述信息显示了广交会的行业地位、品牌定位、主题和规格以及未来发展战略方向,广交会被誉为"中国第一展",也是中国最为瞩目的会展品牌。

📖 **学习目标**

知识目标

(1) 掌握展会品牌形象定位相关知识。
(2) 掌握创立展会品牌形象相关知识。
(3) 了解规划展会品牌识别相关知识。
(4) 掌握展会品牌传播相关知识。
(5) 掌握展会品牌经营规划相关知识。

能力目标

(1) 能运用、分析、综合并评价展会品牌形象定位,识别展会竞争优势,设计展位品牌形象定位策略。
(2) 能运用、分析、综合并评价创立展位品牌形象策略。
(3) 能运用、分析、综合并评价展会品牌识别,设计展会名称、标识、标识语、主题色。
(4) 能运用、分析、综合并评价展会品牌传播媒体组合策略。
(5) 能运用、分析、综合并评价展会品牌经营的规划,厘清展会品牌资产思路。

素质目标

(1) 具备关注民生、社会担当、助力行业、经世济民、胸怀天下的家国情怀;展会主题融入乡村振兴、美丽中国、创意生活、数字经济、智慧城市等内容。

(2) 培养展览策划与管理职业所需的尽职、敬业、勤勉、负责、合作、匠心的职业素养;具有良好的信息素养,能有效利用网络资源、工作手册等查找案例、有效信息;能将查找到的信息有效转换到工作中。

(3) 养成会展策划师和会展职业经理人应具备的吃苦耐劳、恪守信用、讲求效率、尊重规律、崇尚卓越的职业态度;工作计划、工作流程符合规范要求;获得进一步发展的能力;能按要求完成任务,精益求精,不断完善。

(4) 确定展会品牌形象定位策略及传播、经营规划具有大局意识、系统思维,设计展会名称、标识、标识语、主题色要有创意,具有诚信素养、知识产权保护意识和品牌意识。

(5) 具有分工合作、团结一心的团队精神;能够倾听、团队合作、分享,与教师、同学之间相互尊重、理解;与教师、同学之间能够保证多向、丰富适宜的信息交流。

(6) 养成自主学习、自我培养、自我认知和自信的性格和品质;探究学习、自主学习不流于形式,处理好合作学习和独立思考的关系,做到有效学习。

任务 3.1　展会品牌形象定位

引导问题 1:什么是展会品牌形象?

_____

_____

_____

_____

3.1.1　展会品牌的概念和内涵

品牌既是展会的一面旗帜,也是展会竞争优势的重要来源。展会如果能成为具有一定规模、能代表行业的发展动态、能反映行业的发展趋势、能对行业发展具有指导意义并有较强影响力的品牌展览会,将立于不败之地。

展会品牌形象定位是和展会定位紧密相连并且以展会定位为基础来展开的。展会定位是在确定了展会的目标参展商和观众的基础上,解决展会"是什么"和"有什么"的问题;展会品牌形象定位则是在展会定位的基础上,解决如何在目标市场上建立一个符合展会定位的展会品牌形象的问题。展会品牌形象定位的主要目标是通过各种传播手段将一个符合展会定位的展会品牌形象深植于参展商和观众的心目中。

1. 展会品牌的概念

展会品牌是能使一个展会与其他展会区别开来的某种特定的标志。展会品牌通常由某种名称、图案、记号、其他识别符号或设计及其组合构成。展会品牌是给展会贴上的一个竞争标签。

2. 展会品牌的内涵

展会品牌的内涵可以从以下六个方面来理解。第一,属性,即品牌所代表的展会的品质。第二,利益,即展会能带给参展商和观众怎样的利益。第三,价值,即展会在参展商和观众的心目中居于怎样的等级层次。第四,文化,即展会品牌所体现出的展会的文化内涵。第五,个性,即品牌所体现的展会的独特个性和特征。第六,角色,即品牌是某些特定客户群体的特定角色和地位的象征。

引导问题2:展会品牌形象定位需要考虑哪些方面的问题?

3.1.2 展会品牌形象定位需要考虑的问题

微课:展会品牌形象定位

展会定位的关键是为目标市场提供一种差异化的利益、创造一种差异化的竞争优势。然而,这种差异化的利益只有在目标参展商和观众的心中占有一定的位置时才能转化为差异化的竞争优势。展会形象定位能更好地将展会定位提供的差异化利益传播到目标参展商和观众的心中,如展会品牌形象的"传播工具"能将这种差异化的利益很好地传播给目标参展商和观众;展会品牌形象的"沟通工具"能使目标参展商和观众很好地感受到这种差异化的利益。因此给展会品牌形象定位要更多从"传播"和"沟通"的角度来考虑问题,主要包括以下几个方面。

1. 理解和升华展会定位

品牌不同于产品,品牌是在产品的基础上对产品的一种升华,是在产品的基础上为产品附加更多的价值、意义和想象空间。展会与展会品牌之间的关系也是如此。对展会品牌形象的定位不能脱离展会定位,而是在理解展会定位的基础上对展会定位的升华。

2. 确定目标受众

品牌形象定位必须确定一个特定的目标受众,也就是品牌的目标传播对象。和展会定位不同,展会品牌形象定位的目标受众不仅包括展会的目标参展商和观众,还包括其他与展会相关的社团和群体。展会品牌定位是站在展会目标受众的角度来策划的,因此展会品牌形象定位要积极考虑目标受众的需求和期望。

3. 确定展会品牌的个性

展会品牌形象定位不是对展会定位的简单重复,而是在展会定位的基础上赋予展会品牌一定的个性,这种个性就是品牌为展会附加的价值主张、意义和想象空间。品牌个性常比展会特征有更好的系统脉络,并常常被整合成一套系统的陈述,作为对展会名称、标识和标识语的解释和补充。

4. 确定品牌传播的内容

品牌形象定位只有传播到目标受众那里才能发挥作用,所以确定品牌传播的内容和积极传播品牌形象是品牌形象定位必须考虑的事情。无形的品牌定位必须通过一系列的有形展示,才能更好地为目标受众所接受。因此,展会名称、标识和标识语以及色彩作为展会品牌形象有形展示的主要载体,必须紧紧围绕展会品牌形象定位来设计,不能脱离展会品牌形象。

5. 传播差异化竞争优势

与有竞争关系的展会品牌展开竞争是进行展会品牌形象定位的主要动机之一,如果不充分考虑市场竞争的需要,展会品牌形象定位就会失去存在的基础和价值。

⑦ 引导问题3:展会品牌形象定位的步骤有哪些?

_____
_____
_____

3.1.3 展会品牌形象定位的步骤

展会品牌形象的定位,必须紧紧围绕发现、甄别和明确其竞争优势的思路来进行。定位主要有以下三个步骤。

1. 发现潜在的竞争优势

竞争优势使本展会能比其他同类展会带给参展商和观众更多的价值,它可能是成本优势或展会功能优势。成本优势可以转化为价格优势和其他优势。展会功能优势是本展会能提供更符合目标参展商和观众需要的展会功能。一般来说,展会具有成交、信息、发布和展示四大功能。本展会可以分析自身在哪些方面具有潜在竞争优势,根据其优势集中精力打造上述四大功能中的某一个功能,使之成为本展会参与市场竞争的"王牌",也可以全面塑造上述四大功能,使本展会成为他人难以动摇的"巨无霸"。

2. 甄别潜在竞争优势

并不是所有潜在竞争优势都能转化成现实的竞争优势,因为将不同的潜在竞争优势转化为现实的竞争优势需要条件和成本。有些潜在竞争优势可能

笔记

笔记

不具备转化成现实竞争优势的条件,有些可能因为转化的成本太高而不值得转化,还有一些可能不适合展会的定位而必须放弃,所以必须对潜在优势有所选择。能够被选择作为品牌形象定位基础的潜在竞争优势要具备以下四个特性。

(1) 差异性。该潜在竞争优势是其他同题材展会所不具备的,或者即使其他同题材展会具备,本展会也能以更优越的方式提供。如果本展会具备了这种优势,其他同题材展会将很难模仿。

(2) 沟通性。该潜在竞争优势对于参展商和观众来说是可以理解和感觉到的,并且对他们来说是有价值的,是他们期望展会所能提供的。

(3) 经济性。参展商和观众通过参加本展会来获取该优势带来的利益比通过其他方式要有经济性,他们也愿意为获取该利益而支付参加本展会的有关费用,并且能支付得起这种费用。

(4) 盈利性。该潜在优势具有转化为现实优势的可行性,展会将该潜在优势转化为现实优势是有利可图的、是值得的。

3. 明确潜在竞争优势

经过上述甄别后,就可以发现有利用价值的潜在优势,但这并不是说所有满足上述条件的潜在优势都要包含在展会品牌形象定位中。展会品牌形象定位到底要传播哪些优势,还要结合展会的定位和参展商与观众对展会的期望来做最后的选择。以展会的功能优势为例,到底是选择成交、信息、发布和展示四大功能中的哪一项或哪几项,除了要符合上述四个条件,还要考虑展会的定位,更要考虑参展商与观众参加本展会的主要目的。

经过上述三个步骤之后,展会品牌形象定位的理念和方向就基本成型了。

❓ **引导问题4**:展会品牌形象定位的策略是什么?

_____
_____
_____

3.1.4 展会品牌形象定位的策略

展会品牌形象定位和展会定位在策略上最大的差异,就是展会品牌定位更多是从传播的角度考虑问题,考虑传播该品牌形象后参展商和观众会对展会及其品牌产生什么样的认知;展会定位则是从展会的角度出发,期望展会能办成什么样子。展会品牌形象定位和展会定位在策略上既有区别又有联系。展会品牌定位的策略主要有以下几种。

1. 功能定位

首先可以根据展会的主要功能来定位。前面说过,展会具有成交、信息、发布和展示四大功能,如果本展会在这四大功能中的一项或几项特别突出,又符合展览题材所在产业的需求,就可以用功能来定位。

2. 利益定位

直接将展会能带给参展商和观众的主要利益作为展会定位的主要内容。用来定位的"利益"可以是一项或者多项。

3. 特色定位

根据展会所具有的一项或几项鲜明的特色来定位。用来定位的展会特色应是参展商和观众所重视的,并且是他们能感觉得到的,同时也是能给他们带来某些利益的。

4. 竞争定位

这是指针对现有竞争者的定位,即参考同类题材展会的优劣,进行本展会的定位。采用此种方式,会展企业需要有足够的实力与勇气展开直接竞争。同时,会展企业也可利用与本展会有竞争关系的展会来拓展自己的影响力。

5. 类别定位

这是指将本展会与某类特定展会联系起来。可以将展会市场细分成若干市场,如出口型展会、国内成交型展会、地区型展会等,然后将本展会归入其中的某一类。

6. 品质价格定位

很多时候,价格是品质好坏的反映,可以根据展会的"性价比"来定位。例如,将展会品牌形象定位为"高品质、高价格",或者定位为"高品质、普通价格"等。

任务 3.2 创立展会品牌形象

? **引导问题 5**:什么是展会品牌形象?

_____
_____
_____
_____

3.2.1 展会品牌形象的概念和功能

对展会品牌形象进行定位后,就可以根据该定位为展会创立一个符合该品牌形象定位的展会品牌。为展会创立一个品牌,就是在展会进入实际筹备工作之际,为展会理顺和统一经营理念,为展会树立一面旗帜,使展会与其他同类展会有所区别,以便将展会能带给参展商和观众的价值更好地向目标受众进行传播,为展会树立一个良好的形象,并以此获取竞争优势。

笔记

笔记

1. 展会品牌形象的含义

展会品牌形象是参展商和观众所得到和理解的有关展会品牌信息的总和,它存在于参展商和观众的心目中。展会品牌所传递的各种信息经过参展商和观众的感知、体验和选择,形成了展会在他们心目中的品牌形象。可见,展会品牌是展会品牌形象的基础,展会品牌形象是对展会品牌的诠释,是对展会品牌意义的体验,是对展会品牌符号的理解。

2. 展会品牌形象定位的功能

展会品牌形象定位决定了展会品牌形象设计的基本方向。创立展会的品牌形象,首先要策划出能代表展会品牌的符号、设计、名称和图案以及它们的组合。这些代表展会品牌的符号、设计、名称和图案以及它们的组合要能承担起以下四种功能。

(1) 成为一种可以将本展会与其他同类展会区别开来的标志。一方面,品牌要有自己独特的命名、设计、符号等表现形式;另一方面,品牌要有自己的核心价值,这些都使本展会与其他同类展会区别开来。

(2) 成为展会与参展商和观众进行有效沟通的代码。品牌将有关本展会的各种信息浓缩在一起,作为与其他同类展会相区别的标识,参展商和观众则将品牌作为一种对展会的速记符号储存在大脑中,作为他们理解和选择特定展会的对象。

(3) 成为展会对参展商和观众的一种承诺。参展商和观众认为通过选择特定的品牌,其需求基本能得到满足,其利益能得到基本保障。

(4) 成为展会价值的集中代表。展会的价值浓缩在展会品牌中并通过品牌号召力体现出来,品牌浓缩了展会的无形资产。

引导问题 6:创立展会品牌形象的基本原理是什么?

_____
_____
_____

3.2.2 创立展会品牌形象的原理

品牌要有丰富的含义,有独特的识别标识,有明确的品牌个性和一套紧贴顾客需求的价值体系。这些特点增强了品牌在市场上的竞争优势,因此创立展会品牌形象要遵循一些基本原理,主要包括以下几个方面。

首先,要赋予展会品牌实质性的、紧贴顾客需求的价值体系。也就是说,要使展会品牌不只是用来推广宣传展会名称或口号,更要能体现出展会的核心内涵和价值。创立展会品牌就是要让品牌为展会"说话",让品牌成为展会形象的代表,展会品牌为此要有特定而丰富的含义,不能空洞和流于形式。

其次,展会设计要明确展会品牌的识别标识并为展会界定一些基本问题。创立展会品牌不仅要为展会设计一个标识、提出一个宣传口号,还要为展会界定一些基本问题。因此展会必须在弄清楚展会的目标市场、结合展会的定位、了解目标参展商和观众期望的基础上,明确这个展会为什么要存在、展会的核心价值是什么、展会要带给参展商和观众怎样的利益、被品牌折射的客户有哪些关切等问题。

最后,要确定展会品牌传播的广告策略。展会品牌形象是展会品牌在参展商和观众心目中的反映,是展会品牌在参展商和观众头脑中的折射,展会品牌必须通过各种传播手段才能到达参展商和观众面前,使参展商和观众对展会产生认知。所以,创立展会品牌形象要对适合展会品牌传播的广告策略有所规划,要明确品牌的标志语言和沟通范畴。

引导问题 7:创立展会品牌形象的策略有哪些?

_____

_____

_____

3.2.3 展会品牌的特点及创立展会品牌形象的策略

1. 展会品牌的特点

品牌的性质是创立展会品牌形象策略的出发点。一般来说展会品牌具有依附性、差异性和延伸性的特点。品牌的依附性就是品牌要依附特定的展会而存在。品牌的声誉和价值是依靠品牌所依附的展会而形成的。参展商和观众对某个展会品牌的认知,要通过对该品牌所代表的展会的体验来检验。品牌的差异性是指品牌一旦为参展商和观众所接受,品牌所代表的展会的声誉就会转化为品牌的声誉,品牌成为展会的品质、价值或文化的象征。品牌的延伸性就是当某一品牌用于某一新展会时,品牌所代表的某种品质、价值或文化就会延伸到新的展会上。

2. 创立展会品牌形象的策略

从品牌性质出发,创立展会品牌形象的策略主要有个别名称品牌策略、产品线品牌策略、分类品牌策略、伞状品牌策略、双重品牌策略、担保品牌策略六种。

资料:创立展会品牌形象的策略

引导问题 8:创立的展会品牌形象可以通过哪些有形载体进行展示?

_____

_____

_____

3.2.4 展会品牌形象的有形载体

展会的品牌形象设计不能脱离展会品牌形象定位,也不能偏离展会品牌形象定位的主旨,要遵循展会品牌形象定位的基本方向。

资料:展会品牌形象的有形载体

微课:创立展会品牌形象

在创立展会品牌形象时,对展会品牌的有形展示主要集中在四个方面:品牌名称、展会标识、标识语和主题色。

任务 3.3 规划展会的品牌识别

引导问题 9:一个展会的品牌识别应该如何规划?

_____
_____
_____

3.3.1 展会品牌识别的概念和来源

品牌识别简称 CI,是英文 corporate identity 的简称,意译为企业形象识别或品牌形象识别,CI 又称 CIS,是英文 corporate identity system(企业识别系统)的简称。展会品牌识别(CI)是那些能使展会的目标参展商和观众认知展会的理念、行动和符号,它标示着展会希望其目标参展商和观众如何来认知展会和对展会产生怎样的联想。除了参加展会,展会的目标参展商和观众主要通过展会的品牌识别系统来感知展会品牌定位和展会品牌形象。规划好展会品牌识别系统,对展会品牌形象的传播有巨大的促进作用。展会的 CI 是在结合展会的市场定位、营销策略、品牌定位和品牌形象的基础上经过系统化后提出的一套促进展会形象传播的整体策略。展会的 CI 主要来源于展会以及与展会有密切关系的几个方面。

1. 展会

展会的定位、展会的规模、展会的参展商和观众来源与构成、展会的类别、展会的特征、展会的品质以及展会的核心价值等,都可以作为展会品牌识别的重要因素。在设计展会的品牌识别系统时,可以根据实际情况,对上述因素进行取舍,并对上述因素在展会品牌识别系统中的地位和重要性做出合理的安排。

2. 象征

与展会紧密相关的一些能给参展商和观众带来丰富联想的象征也是展会品牌识别系统的重要来源,如展会的品牌名称、标识、标识语、色彩以及设计者期望它们能给参展商和观众带来的某些暗示和联想等。这些富有象征意义的东西,对于参展商和观众认知展会将更直观、更有趣、更富有感染力和亲和力。

3. 办展机构

展会的主办单位、承办单位、协办单位和支持单位等办展机构以及这些机构的声誉、对客户的态度、创新能力、价值观念和文化理念等,都可以成为展会品牌识别的组成要素。与此相关的展会地理特性以及历史渊源也能成为展会品牌识别的要素。

4. 营销

展会的营销手段、营销策略、营销地域范围等也是展会品牌识别的重要来源。实践中,展会可以将其各种推广办法等对参展商和观众公布,并置于展会显眼位置,使之成为本展会品牌识别的重要组成部分。

引导问题10:什么是展会品牌识别系统?

_____
_____
_____
_____

3.3.2 展会品牌识别系统

展会 CI 来源为按照展会品牌形象定位的要求来规划展会品牌识别系统提供了信息来源,因此可以分析出展会品牌识别系统具体包括展会理念识别、展会行为识别、展会视觉识别、展会听觉识别和客户满意战略,它们与展会 CI 组成一个有机整体,互相联系,互相影响,都是在展会定位和展会品牌形象定位的基础上来设计和策划的,在内容上要统一,在形式上要协调,在色彩上要和谐。

微课:规划展会的品牌识别

引导问题11:什么是展会理念识别?

_____
_____
_____

1. 展会理念识别

展会理念识别(mind identity,MI)是展会办展理念的对外展示,是展会 CI 策划的核心内容。所谓展会办展理念,是指包括展会定位、展会品牌形象定

笔记

位、办展方式、展会价值、顾客利益、展会规范、展会发展战略等在内的有关举办展会的指导思想。MI是CI中最为重要的一部分,也是主导整个CI设计的关键所在,是CI设计的源头,对展会CI策划具有全局性的指导意义。

MI的各个组成要素为展会的目标参展商和观众从不同方面认知展会提供了极大的便利和帮助。展会定位能告诉目标参展商和观众展会"是什么"和"有什么";展会品牌形象定位除了强化展会定位,还使目标参展商和观众认知到展会附加的价值、意义和想象空间;办展方式揭示了展会的办展原则;展会价值表明了展会的价值取向和价值大小;顾客利益告诉目标参展商和观众展会能给他们带来哪些好处;展会规范则规定了办展单位、参展商和观众需要共同遵守的规章制度;展会发展战略则揭示了展会的发展办法和发展前景。

MI策划主要是确定办展理念的基本原则,它不同于展会定位、展会规范等具体执行方案,是原则性的东西。因此,MI常常用一段或几句总结性文字来表示。

⑦ 引导问题12:什么是展会行为识别?

_____
_____
_____

2. 展会行为识别

行为识别(behavior identity,BI)是CI的动态识别形式,其核心在于CI理念的推行,将企业内部组织机构与员工的行为视为一种理念传播的符号,通过这些动态因素传达企业理念、塑造企业形象。展会行为识别是办展机构办展行为的对外展示,主要包括展会服务活动、展会营销、展会礼仪、展会工作人员行为、展会现场相关活动等。展会为参展商和观众提供各种专业的展会信息、商务等服务,让参展商和观众真真切切地感受到展会的价值和顾客利益。展会的营销活动将展会的品牌形象传递给目标参展商和观众。展会礼仪、展会工作人员的行为和展会现场相关活动等都有助于参展商和观众更好地认识展会。

展会的BI策划是一些对展会行为富有指导意义的规则、目标和策略,并不是展会营销、展会相关活动等的具体执行方案。展会的BI策划是将展会MI下的部分内容有形化,从而使目标参展商和观众对该内容看得见、摸得着。展会BI策划作为MI的部分外化,必须秉承MI的统一性和个性化特征,与MI口径统一、步调一致。

⑦ 引导问题13:什么是展会视觉识别?

_____
_____
_____

3. 展会视觉识别

视觉识别（view identity，VI）是将企业标志的基本要素，以强有力的方针以及管理系统有效展开，形成企业固有的视觉形象，是透过视觉符号的设计统一化来传达精神与经营理念，有效推广企业及其产品的知名度和形象，VI 在 CI 系统中最具有传播力和感染力，最容易被社会大众接受，居于主导地位。展会视觉识别是通过视觉化的符号、图案、色彩和文字等来展示展会特征的一种方式，主要包括展会的现场布置、展会标识、展会标准色、展会标准字、展会标准信封和信笺、展会吉祥物、展会广告设计等，它们能给参展商和观众直接的视觉刺激，使展会在他们脑海里留下深刻的印象。展会的现场布置能让参展商和观众身临其境地体验展会的好坏，展会标识能给人以丰富的联想，展会的标准色、标准字、标准信封和信笺体现了展会的档次和办展的规范性，展会吉祥物给人以很强的亲和力，展会广告设计则直接关系到展会的形象。

展会的 VI 策划重视以视觉传播的方式将展会的品牌形象传递给目标参展商和观众，因此，在设计上要有目标性、视辨性、美观性和合法性。目标性是指展会的 VI 不能脱离展会的定位和展会的品牌形象定位，要以准确传播展会品牌形象为目标。视辨性是指展会的 VI 要能被大众理解，要符合办展当地的风俗习惯，不犯禁忌。美观性是指展会的 VI 不仅在工程上要具有可行性和经济性，还要美观、简洁、大方。合法性是指展会 VI 的有关符号、图案等要符合办展当地的法律，不能违反有关法律规定。

引导问题 14：什么是展会听觉识别？

_____
_____
_____

4. 展会听觉识别

听觉识别（audio identity，AI）是根据人们对听觉、视觉记忆比较后得到的一种 CI 方法，是通过听觉刺激传达企业理念、品牌形象的系统识别。展会听觉识别是通过声音以及以声音为主要传播手段的媒介来展示展会的一种方式，主要包括展柜的品牌名称、标识与广告用语、展会标识、音乐等，从听觉方面感染目标参展商和观众，传播展会的品牌形象。AI 对于强化人们对展会的印象有着重要作用。

引导问题 15：什么是展会客户满意战略？

_____
_____
_____

笔记

笔记

5. 展会客户满意战略

客户满意战略,即顾客满意战略(customer satisfaction,CS),其指导思想是企业的全部经营活动要从满足顾客的需要出发,以提供满足顾客需要的产品或服务为企业的责任和义务,以满足顾客需要,以顾客满意为企业的经营目的。CS 强调以顾客为中心的价值观,打破了传统的市场占有率推销模式,建立起一种全新的顾客满意营销导向。

展会客户满意战略的主要指导思想是展会的整个经营活动要以展会的客户满意为目标,包括以下三个方面的含义。第一,客户最了解自己的需求,并能为展会提供最准确、真实的信息。第二,失去客户就意味着失去了展会。第三,客户是办展单位办好展会的特殊合作者。在展会的 CS 中,"客户"和"满意"这两个词有特殊的含义,客户不仅包括展会的参展商和观众,还包括办展单位的内部员工;满意包括顾客对展会的理念满意、行为满意、视觉满意、品质满意和服务满意。CS 是从客户需求的角度出发,以提高客户的满意度为主要目标,通过多种服务和功能设计来满足顾客的个别需求,同时以设计的多样性来满足顾客需求的多样性。

在进行展会的 CS 策划时,要做好以下几个方面的工作。首先,由于展会全体工作人员的服务水平直接影响到参展商和观众的满意度,因此在进行展会的 CS 策划时,要使办展单位的全体员工树立顾客满意观念,从各方面完善展会的服务。其次,充实展会的功能,提升展会的品质,重视目标参展商和观众的意见和建议,把目标参展商和观众作为充实展会功能的重要创意来源,作为满足顾客需求的努力方向。再次,既要重视新顾客,更要设法留住老顾客,要对参展商和观众做好展前、展中和展后服务。最后,要建立详细的客户数据库。详细的客户数据库包含的信息多,方便查询,便于满足客户需求。

任务 3.4 展会品牌传播

引导问题 16:展会品牌的个性应如何传播?

_____
_____
_____
_____

3.4.1 展会品牌个性的传播

1. 展会品牌个性

展会品牌传播是通过一定的方式和渠道将展会品牌形象向特定的目标受众传递的过程,是在把握展会品牌形象定位、忠于展会品牌个性的基础上建立起展会品牌与目标参展商和观众之间的互动关系。展会品牌传播有利于提高展会品牌的影响力和号召力,有利于强化展会品牌价值和意义的对外展示,同时要在传播过程中体现展会品牌的个性。

展会品牌个性是在展会品牌定位的基础上对展会品牌形象定位的深化,是展会品牌所具有的稳定特征,是最能体现展会品牌形象差异性的内容。所以,展会品牌传播要"说利益""说形象",更要"说个性",把握展会品牌个性,是驾驭展会品牌传播的核心要求,没有个性的品牌是脆弱的品牌。展会品牌形象是展会显露在外的东西。

2. 促进展会品牌个性形成的因素

展会品牌个性的形成是一个高难度的创意和传播过程,必须运用各种与展会品牌个性相关的因素来促进展会品牌个性的形成。影响展会品牌个性形成的因素分为与展会直接相关的因素和与展会间接相关的因素两类。

(1)与展会直接相关的因素。与展会直接相关的因素主要有展会类别、展会服务、展会价格、展会品质和展会功能等。展会类别是展会品牌个性的一大促成要素;专业、细致、周到、及时的展会服务很容易凸显展会品牌的个性;展会价格使人对展会品牌个性形成习惯性联想,如高价意味着高档次等;展会品质和展会功能直接关系到参展商和观众的利益以及展会的价值,它们是影响展会品牌个性形成的重要因素。

(2)与展会间接相关的因素。与展会间接相关的因素主要有展会标识和标识语、办展单位形象、参展商和观众来源与构成、展会相关活动和展会的营销风格等。展会标识和标识语从符号和语言两方面来宣示展会品牌形象,对展会品牌个性的形成有很大的影响;办展单位形象从某方面来看其实就是为展会品牌"背书"和担保,展会品牌个性无不打上办展单位的风格与形象的烙印;参展商和观众来源与构成是使展会品牌个性趋于完善的重要因素。

❓ **引导问题17**:展会品牌传播的原则有哪些?

_____
_____
_____
_____

3.4.2 展会品牌传播的原则

进行展会品牌传播是要在目标参展商和观众的心目中创造和形成展会的良好形象,建立受到目标参展商和观众重视的展会个性,促进目标参展商和观众对展会的认同,协助展会业务代表开展工作,并指导办展单位的展会工作人员学会如何对待客户。因此,展会品牌传播有两类目标受众,一类是目标参展商和

资料:展会品牌传播的原则

笔记

观众,另一类是办展单位的内部员工。

办展单位的内部员工是展会品牌传播不能忽视的重要目标受众。展览业的服务业特性决定展会工作人员的服务态度直接影响参展商和观众对展会的评价,展会工作人员在服务过程中的任何不周、疏忽、不到位和脱节都会对展会的声誉产生负面的影响。因此,展会品牌传播要让办展单位的内部员工了解展会的品牌追求,只有这样,才能使他们自觉支持和配合办展单位建立展会品牌形象。

面对双重目标受众以及展览业的服务业特征,展会品牌传播必须遵循一些原则,包括尽量提供有形的线索、只承诺展会能提供的或者是参展商和观众能看到的内容、重视口碑传播、让内部员工熟悉传播的内容、传播要具有连续性和一贯性。

? 引导问题18:展会品牌传播的媒体策略有哪些?

_____
_____
_____
_____

3.4.3 展会品牌传播的媒体策略

1. 展会品牌传播的媒体种类

展会品牌要借助一定的媒体才能传播出去。可供展会品牌传播选择的媒体主要有印刷媒体、广播、电视、人员沟通和网络等。

2. 展会品牌传播的媒体策略

微课:展会品牌传播

进行展会品牌传播不是只利用上述某一个媒体,也不是对上述媒体的简单叠加利用,而是充分考虑各种媒体的优缺点,取长补短,选择几种媒体,将它们组成一个合理的传播媒体组合来具体执行。在组成合理的传播媒体组合时,要综合考虑的主要因素有单位接触成本、信息接触量、接触频率和目标受众。

任务3.5 展会品牌经营规划

? 引导问题19:什么是展会品牌经营?

_____
_____
_____
_____

3.5.1 展会品牌经营

展会品牌形象策划的最终目标就是要通过品牌经营来逐步积累展会的品牌资产,最终在市场上形成一种品牌产权。一般认为,品牌产权有四大核心资产,即品牌知名、品质认知、品牌联想、品牌忠诚。这四大资产就是品牌经营要积累的资产。通过积累这些资产,展会可获得目标参展商和观众的认同,从而促进展会不断向前发展。

微课:展会品牌经营规划

展会品牌经营是通过展会品牌来加强展会与目标参展商和观众关系的一种展会经营策略。展会品牌经营的主要目的是努力在市场上形成一种品牌产权。所谓品牌产权,是指某一展会品牌在某一类题材展会中的独占权或相对垄断权。会展经济是规模经济,品牌产权是会展经济发展到一定阶段的必然产物。展会品牌经营常见的途径是根据市场竞争态势选择某一个题材的展览市场,然后努力经营,最后本展会在这个题材的展览市场上占据主导地位,并对该市场形成独占或相对垄断。

随着品牌在现代经济中发挥着越来越重要的作用,品牌产权在展会无形资产的构成中占据着越来越重要的地位。一般来说,一个展会一旦在市场上形成了一种品牌产权,该展会就会拥有品牌知名、品质认知、品牌联想、品牌忠诚四大核心资产,这些资产是展会展开市场竞争最有力的武器,通过展会品牌传播和品牌营销可以促进品牌产权的形成。

? **引导问题 20**:展会品牌经营的原则是什么?

_____
_____
_____
_____

3.5.2 展会品牌经营的原则

在进行展会品牌经营时,要注意把握好以下几个方面的原则。

1. 市场导向原则

展会品牌经营是从目标参展商和观众的需求出发,通过经营展会品牌来促成展会品牌与目标参展商和观众之间建立一种特殊的关系,最终促成目标参展商和观众对展会的认同。

2. 目标性原则

展会品牌经营的目的性很强,是通过经营展会品牌来形成一种品牌产权,取得目标参展商和观众对展会的品质认知,使展会品牌知名,促使目标参展商和观众对展会品牌忠诚,引起品牌联想。

笔记

3. 系统性原则

展会品牌建设是一个富有层次性的系统工程，进行品牌经营自然也会具有类似的特征，所以展会品牌经营必须具有全局视野和多层次、多角度的长远规划。

4. 针对性原则

展会品牌经营主要对象是目标参展商和观众以及办展单位的内部员工，极有针对性。

5. 诚信原则

品牌最终走向没落的一个重要原因是这些品牌没有实现自己对市场的"承诺"，不管这种承诺是出自品牌对市场的明示，还是来自品牌对市场的暗示，一旦市场发现自己被品牌欺骗了，市场就会毫不犹豫地抛弃该品牌，该品牌在市场上就没有了立足之地。

❓ 引导问题21：展会品牌资产应如何积累？

_____

_____

_____

_____

3.5.3 展会品牌资产的积累

资料：展会品牌资产的积累

品牌产权的形成是一个对品牌资产逐步积累的过程，因此在进行展会品牌形象策划时，也要制定一些策略，以保证对展会品牌进行经营时能对展会的品牌资产逐步进行积累。展会品牌资产的积累，主要是积累构成品牌产权的四大核心资产，即品牌知名、品质认知、品牌联想和品牌忠诚。因此积累展会品牌资产，要逐步提升展会品牌知名度和品质认知度，努力创造积极的品牌联想，不断提升客户的品牌忠诚度。

 任务目的

通过对选定展会项目的竞争态势进行分析，为其确立适当的品牌形象定位和品牌经营规划，为下一步展会项目策划确定方向，同时掌握展会品牌形象定位的原理、步骤，创立展会品牌形象的策略以及内容、方法等，并运用到展会项目策划中，锻炼实际应用能力，培养团队合作精神，提升职业素养，增强职业自信心。

任务名称

创立展会品牌形象。

任务分组

班级		小组名称		指导教师	
组长		学号		分工	
成员		学号		分工	
成员		学号		分工	
成员		学号		分工	
成员		学号		分工	
成员		学号		分工	

 任务实施

1. 活动要求

（1）分组，每组 3～5 人。

（2）以小组形成完成展会项目相关题材案例和资料的查找，先在组内讨论选定的展会项目竞争态势，识别其潜在竞争优势，确定合适的展会品牌形象定位。

（3）小组讨论交流后与教师进行讨论，确定展会品牌形象定位思路。

（4）思路确定后，按照所学方法，小组成员分工合作，最终确定本组展会的展会名称、展会竞争优势识别、展位品牌形象定位策略、创立展位品牌形象策略、展会标识、展会标识语、展会主题色、展会品牌传播媒体组合策略等。

2. 活动步骤

（1）分组，确定组长、成员。

（2）查找展会项目案例和资料。

（3）在组内讨论相应内容，得出小组活动结论。

（4）继续完成其他展会品牌形象定位等内容。

（5）小组讨论交流、师生讨论评价。

任务评价

小组自评、小组互评与教师评价相结合。自我评价占 10%，小组成员组内互评占 10%，小组互评占 10%，教师评价占 70%。任务评价表如表 3-1 所示。

表 3-1 任务评价表

班级		组名		日期				
评价点	评 价 要 素	分值	自我评价	组内互评	组间互评	教师评价	总评
能力目标1	能运用、分析、综合并评价展会品牌形象定位，识别展会竞争优势，设计展位品牌形象定位策略	12					

 笔记

续表

 笔记

评价点	评价要素	分值	自我评价	组内互评	组间互评	教师评价	总评
能力目标2	能运用、分析、综合并评价创立展位品牌形象策略	10					
能力目标3	能运用、分析、综合并评价展会品牌识别,设计展会名称、标识、标识语、主题色	12					
能力目标4	能运用、分析、综合并评价展会品牌传播媒体组合策略	12					
能力目标5	能运用、分析、综合并评价展会品牌经营的规划,厘清展会品牌资产思路	10					
素质目标1	选定题材时具备关注民生、社会担当、助力行业、经世济民、胸怀天下的家国情怀;展会主题融入乡村振兴、美丽中国、创意生活、数字经济、智慧城市等内容	8					
素质目标2	具有展览策划与管理职业所需的尽职、敬业、勤勉、负责、合作、匠心的职业素养;具有良好的信息素养,能有效利用网络资源、工作手册等查找案例、有效信息;能将查找到的信息有效转换到工作中	7					
素质目标3	养成会展策划师和会展职业经理人应具备的吃苦耐劳、恪守信用、讲求效率、尊重规律、崇尚卓越的职业态度;工作计划、工作流程符合规范要求;获得进一步发展的能力;能按要求完成任务,精益求精,不断完善;评价公正、客观	7					
素质目标4	确定展会品牌形象定位策略及传播、经营规划具有大局意识、系统思维,设计展会名称、标识、标识语、主题色,要有创意,具有知识产权保护意识和品牌意识	8					
素质目标5	具有分工合作、团结协作的团队精神;能够倾听、团队合作、分享,与教师、同学之间能够相互尊重、理解;与教师、同学之间能够有多向、丰富适宜的信息交流	7					

续表

评价点	评价要素	分值	自我评价	组内互评	组间互评	教师评价	总评
素质目标6	养成自主学习、自我培养、自我认知和自信的性格和品质。探究学习、自主学习不流于形式,处理好合作学习和独立思考的关系,做到有效学习;有良好的学习习惯,全过程参加学习并完成任务,提交任务及时、规范	7					
总分		100					
有益经验							
总结反思							

任务拓展

查询策划的传播媒体价格,对小组策划的媒体组合策略中选择的媒体从单位接触成本、信息接触量、接触频率和目标受众等方面进行分析,并检验展会品牌传播预算制作是否符合实际情况。

项目小结

本项目主要学习了展会品牌形象策划的相关知识,包括展会竞争优势识别、展位品牌形象定位策略、创立展位品牌形象策略、展会标识、展会标识语、展会主题色、展会品牌传播媒体组合策略以及规划展会品牌经营等相关知识。同时在掌握知识的基础上,能培养运用、分析、综合相关知识的能力,并可以自我评价和评价他人,具备关注民生、社会担当、助力行业、经世济民、胸怀天下的家国情怀,培养尽职、敬业、勤勉的职业素养和精益求精、崇尚卓越的职业态度,具有诚信素养、知识产权保护意识,具有分工合作、团结协作的团队精神,养成自主学习习惯、具备自信品格。

知识测评

资料:展会品牌形象
策划知识测评

项目 4　搭建展会基本框架

知识框架

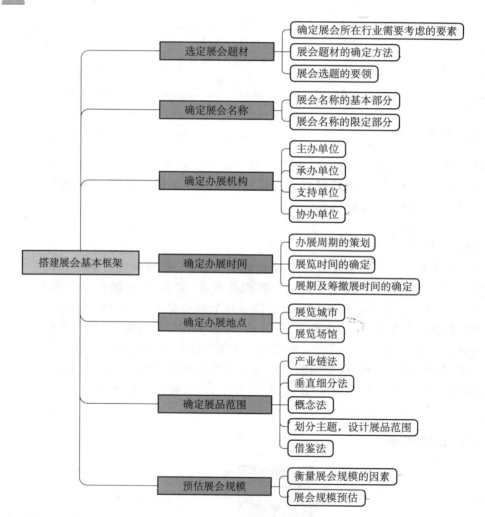

教学重点

确定办展机构；确定办展时间；确定展品范围；展会规模预估。

教学难点

展会名称;办展机构;展会时间;展品范围。

学习情境描述

某展会 2022 年 3 月开展,其网页展示的相关展会信息如下。

第二十二届北京国际石油石化技术设备展览会(cippe 2022)

举办时间:2022 年 3 月 21 日至 3 月 23 日

规模新国展:W1　W2　W3　W4　E1　E2　E3　E4

主办方:天津振威展览股份有限公司　北京振威展览有限公司

协办方:中国石油石化设备网

承办方:北京振威展览有限公司

赞助方:中国石油天然气股份有限公司　中国石油化工集团有限公司
中国海洋石油集团有限公司　三一重工股份有限公司

地点:中国国际展览中心新馆——北京顺义天竺裕翔路 88 号(地铁国展站)

从 2001 年至今,cippe 已经成功举办 21 届,深谙石油行业发展趋势。据了解,cippe 2022 将在石油石化技术装备、页岩气技术装备、海洋石油天然气技术装备、海工装备、天然气技术装备、管道与储运技术装备、防爆仪器仪表七大板块基础上,增加泵阀展区、工业消防和安全防护展区、新材料展区、油田环保展区等高度专业化、细分化的展区,为油气行业的采购提供更加专业与精准的对接平台。展区布局的细分极大方便了企业集中展示最新产品和技术,也便于专业买家前往参观。

国际展区:30 000 元/标准展位(9m² /个)W1、W2 馆

国内展区:19 000 元/标准展位(9m² /个)E1、E2、E3 馆

国内展区:16 000 元/标准展位(9m² /个)W3

(资料来源:http://3059.hshuiyi.com/.)

上述信息显示了举办一个展会的基本信息,包括展会的题材、名称、时间、地点、办展机构、规模、展品范围等。这也是展会项目策划需要完成的首要任务。在进行展览策划时,需要确定展览项目题材,并搭建该展会项目策划的基本信息框架,即确定该展会的名称、时间、地点、办展机构、展品范围、展会规模等。

学习目标

知识目标

(1)记忆并理解选定展会题材相关知识。

(2)记忆并理解确定展会名称相关知识。

(3)记忆并理解确定办展机构相关知识。

(4)记忆并理解确定办展时间相关知识。

(5)记忆并理解确定办展地点相关知识。

(6)记忆并理解确定展品范围相关知识。

(7)记忆并理解预估展会规模相关知识。

笔记

能力目标

(1) 能运用、分析、综合并评价展会题材的选定。
(2) 能运用、分析、综合并评价展会名称的确定。
(3) 能运用、分析、综合并评价办展机构的确定。
(4) 能运用、分析、综合并评价办展时间的确定。
(5) 能运用、分析、综合并评价办展地点的确定。
(6) 能运用、分析、综合并评价展品范围的确定。
(7) 能运用、分析、综合并评价展会规模的预估。

素质目标

(1) 选定题材时具有关注民生、社会担当、助力行业、经世济民、胸怀天下的家国情怀;展会主题应融入乡村振兴、美丽中国、创意生活、数字经济、智慧城市等内容。
(2) 培养展览策划与管理职业所需的尽职、敬业、勤勉、负责、合作、匠心等职业素养;具有良好的信息素养,能有效利用网络资源、工作手册等查找案例、有效信息;能将查找到的信息有效转换到工作中。
(3) 养成会展策划师和会展职业经理人应具备的吃苦耐劳、恪守信用、讲求效率、尊重规律、崇尚卓越的职业态度;工作计划、工作流程符合规范要求;获得进一步发展的能力;能按要求完成任务,精益求精,不断完善。
(4) 展会名称命名规范,具有知识产权保护意识。
(5) 具有分工合作、团结一心的团队精神;能够倾听、团队合作、分享、与教师、同学之间相互尊重、理解;与教师、同学之间能够保证多向、丰富适宜的信息交流。
(6) 养成自主学习、自我培养、自我认知和自信的性格和品质;探究学习、自主学习不流于形式,处理好合作学习和独立思考的关系,做到有效学习。

任务4.1　选定展会题材

引导问题1:确定展会所在行业需要考虑的要素有哪些?

4.1.1 确定展会所在行业需要考虑的要素

选定展览题材是展会立项策划中一项十分重要的工作。所谓展览题材，就是举办一个展会所计划展出的展品范围，换句话说，就是计划让哪些产业的商品在展会上展出。展览题材的选择是一项非常细致和专业的工作，往往涉及产业的专业分类。展览题材选择的好坏和准确与否，直接影响到展会的专业性和市场拓展性，对未来展会的招展和发展有着重大影响。

现代展览业越来越倾向于举办专业展，一个专业展一般只包括一个产业，而一个产业所包括的商品类别往往种类繁多，所以首先应该确定在哪个产业领域举办展会，决定哪些商品在展会上展出。有了前期各种信息的收集和分析，再加上一定产业、专业分类知识做基础，这时可以用市场细分的办法来选定在哪个产业举办展会。

所谓市场细分，是指办展单位按照一种或者几种变量，把整个市场细分成若干个有相似需求的客户群体来形成子市场的市场分类过程。经过细分，每个子市场内消费者的需求基本相似，不同的子市场需求差别则比较大。结合办展单位的优势，通过市场细分，办展单位可以分析和把握市场机会，找到适合自己进入并举办展会的产业。

市场细分揭示了办展单位进入某一产业举办专业展会的市场机会，但办展单位是否决定进入这个产业办展，还必须对该细分市场进行评估。一般来说，办展单位可以从细分市场的规模和发展潜力、细分市场的盈利能力、细分市场的结构吸引力以及办展单位的办展目标和资源四个方面对细分市场进行评估。

资料：细分市场的评估

❓ **引导问题 2**：你知道有哪些展会题材的确定方法？

_____
_____
_____
_____

4.1.2 展会题材的确定方法

办展单位选定进入的产业以后，下一步就要决定该选择哪些具体题材作为展会的展览题材。一般来说，选择展会具体展览题材有四种方法，即新立题材、分列题材、拓展题材、合并题材。新立题材是指进入一个新的产业和开发一个新的市场；分列题材是指从原有的大题材中分列出若干小题材；拓展题材是将与现有展会的展览题材有密切关联的题材但还未包含的某一细分题材列入现有展会题材中；合并题材是将彼此相同或者有一定关联的展览题材合并起来。

资料：展会题材的确定及优缺点

❓ 引导问题 3：要想策划一个成功的展会应注意哪些要领？

_____

_____

_____

4.1.3 展会选题的要领

一个成功的展会应注意以下几个方面的要领。

1. 展会选题的先进性

一个有吸引力的展题应该具有时代先进性，可以吸收大量相关领域及应用领域的厂商前来参加展示与参观学习。

2. 展会选题的广泛性

在确定展览主题之前，一定要充分调研，主题必须具有研究、生产、销售、应用的广泛性。展览实际上是一种技术、产品、服务推广的舞台。这个舞台是否上演好的节目，取决于"演员"（参展商）与"观众"（参观者）。因此，具有广泛性的展览主题是有"演员"和"观众"基础的。

3. 展会选题的可持续发展性

在展览主题的选择上，要特别重视展览主题的可持续发展性。一个展览主题不能只办一两届就无法办下去，只有办的次数多了，在国内的影响力大了，才有可能办成精品展、名牌展，为未来发展打下坚实的基础。

4. 展会选题的区位集散性

展览是产品与服务的交易、交流平台，因此应该选择具有流通区位优势、具有技术与产品集散中心地位的主题和城市组织展览，如北京、深圳是我国科技力量很强、技术应用转化很快的区域，因而北京"科博会"、深圳"高交会"特别红火，而义乌是我国重要的小商品集散地，当地每年举办的小商品交易会客商云集，展览效果与效益都很好。

微课：选定展会题材

5. 展会选题的综合服务性

展题能否选择成功，还要看其综合服务效应。展题太专一，不便于招展和组织观众。展题的综合服务性强调展题具有多种功能，可以满足不同层次需求的展商与观众。如各种综合类型的博览会、交易会等，可以将各种类型的厂商都招进来，扩大规模和影响力。

任务 4.2 确定展会名称

❓ 引导问题 4：一个展会的名称应包括哪些部分？

办一个展会,确定办展题材后就要给这个展会确定一个名称。展会名称属于展会知识产权之一,因此要具有法律意识、商标意识和品牌意识,确定展会名称要符合规定,符合展会品牌战略思路,也不能使用其他展会的名称,侵犯其他展会的知识产权。展会名称应包括基本部分和限定部分。

微课:确定展会名称

❓ **引导问题 5**:展会名称的基本部分是指什么?

4.2.1 展会名称的基本部分

在展会名称当中,基本部分必不可少,是明确展会性质特征的重要因素,如展览会、博览会、交易会、展销会等。如中国国际进口博览会,博览会就是基本部分,英文表述为 exposition。博览会的规模较大,主要目的是展示与宣传,面向全社会,专业性较弱;展览会的规模适中,目的主要是贸易与宣传,主要面向行业或者组织,专业性较强,英文表述为 exhibition 或者 show。展销会的规模可大可小,主要目的是销售,面对企业和个人,专业性较弱,英文可以用 fair 表述。

❓ **引导问题 6**:展会名称的限定部分是指什么?

4.2.2 展会名称的限定部分

展会名称的限定部分包括时间、地点、级别、行业标识。

(1)时间限定部分。时间限定部分要说明这个展会的举办时间、届次、春季还是秋季。

(2)地点限定部分。限定部分是地点,表明展会在哪个国家、哪个城市举办,如中国(北京)国际机床展。

(3)级别限定部分。展会的级别主要是指是否包含国际因素,如包含国际因素就是国际展,如果不包含国际因素就是国内展。

① 展览会冠名"中国"等字样的条件。根据商务部《境内举办涉外经济技术展览会办展项目审批办法》的规定，展览会如果冠名"中国"等字样需要符合下列条件：连续举办两届以上；上届展览会面积超过 10 000 平方米；境外参展商（不包括境内外商投资企业）比例达到 20% 以上；国内参展企业来自除举办所在地省（区、市）以外的三个以上省（区、市），且比例达到 20% 以上。

资料：通过 UFI 认证的条件

② 国际性展览。根据《国际展览会公约》的规定，当有一个以上的国家参加时，展览会即为国际性展览会。根据全国会展业标准化技术委员会提出并归口的经济贸易展览会术语，国家标准中国际性展览会是指境外参展商不低于全部参展商的 10% 或境外观众不低于全部观众 5% 的展览会。国际上对国际性展览有一些评估标准，评估最为权威的是 UFI 认证。

（4）行业标识限定部分。展会名称里还需要有行业标识。行业标识是选定的展览题材和展品范围属于哪一个行业。如 2019 中国上海国际乐器展，"2019""中国""上海""国际"都是属于限定部分，"乐器"属于行业标志，"展"是基本部分；2018 德国杜塞尔多夫国际铸造业展览会，这个展会的名称里，"2018""德国""杜塞尔多夫""国际"都是属于限定部分，"铸造业"属于行业标识，"展览会"属于基本部分。

任务 4.3　确定办展机构

❓ **引导问题 7**：一个展会的办展机构有哪些？给自己的展会确定适合的办展机构。

_____

_____

_____

微课：确定办展机构

办展机构，即办展单位，常见的主要有主办单位、承办单位、支持单位和协办单位。

4.3.1　主办单位

从理论上来说，通常认为主办单位是指拥有展会并对展会承担主要法律责任的办展单位。

从各省区市的会展业管理办法也可以看到对主办单位的定义。如《2008 年石家庄市会展业管理办法》第三条规定，本办法所称的主办单位是指负责制定会展的实施方案和计划并对活动进行统筹、组织和安排，同时对会展活动承担主要责任的单位。其他如《南宁市会展业管理办法》《贵阳市会展业管理办法》《西安市的会展促进条例》《河南省会展促进条例》大致上也是这样规定的。2020 年 5 月 1 日起施行的《上海市会展业条例》没有对办展单位进行主办单位、承办单位等区分,其第五十四条规定:"举办单位,是指负责制定和实施会展活动计划方案,对会展活动进行统筹、组织和安排的单位。"

4.3.2 承办单位

理论上一般认为负责展会的运营、筹备、组织管理等工作并且对展会承担财务责任的单位是承办单位。

从立法上来看,《石家庄市会展业管理办法》所称的承办单位是指根据与主办单位的协议,负责布展、展品运输、安全保卫以及其他具体会展事项的单位。其他省区市立法规定的承办单位也有类似的。2020年《上海市会展业条例》则把在会展活动中主要为举办单位、场馆单位、参展单位、观众等各方提供搭建、物流、餐饮等专业服务的单位称为会展服务单位。

4.3.3 支持单位

支持单位是指对主办单位或承办单位的展会策划、组织、操作或管理,以及招展、招商、宣传等起支持作用的办展单位。有时候支持单位也要承担一些招展、招商和宣传推广工作。

4.3.4 协办单位

协办单位是指协助主办或者承办单位进行展会策划、组织、操作与管理,部分承担招展、招商和宣传工作的办展单位。

任务4.4 确定办展时间

❓ **引导问题8**:展会举办时间的策划包括对举办周期、展览时间、展期和其他时间的策划。一个展会的办展周期应如何确定?给自己的展会确定适合的办展周期。

_____
_____
_____

4.4.1 办展周期的策划

办展周期,也可以叫办展频率,即展会多久举办一次,指本届展览活动的举办到下届展览活动举办所经过的时间。例如,一年一届,两年一届。展会举办周期的确定要考虑涉及的题材、所在产业的特点等相关因素。一般来说,展会一年举办一次比较常见,也有两年或者几年举办一次的,也有根据市场需求变更的,如中国进出口商品交易会(广交会)原来是一年一届,由于市场需求旺盛,现已改为一年两届,每届三期。

在策划办展周期时,需要考虑以下几个方面。第一,尽可能反映相关产业、经济和技术的发展进程。第二,考虑相关市场的需求,竞争激烈、需求旺盛的产品举办周期比较短,反之举办周期比较长。第三,考虑顾客的订货周期,并与之相适应。

引导问题 9:一个展会的展览时间应如何确定?给自己的展会确定适合的展览时间。

_____

_____

4.4.2 展览时间的确定

展览时间指的是展会从开幕到闭幕所经过的时间以及具体的开展日期。策划展览时间时需要考虑以下几个因素。

第一,所在行业订货的时效性。每一个行业的订货都有其时效性,相关题材展会在展览时间的确定上要适应行业订货的时效性,否则不利于会展活动的成功开展。

第二,要避免同题材展会时间的冲突。对一些刚刚成立、办展实力与规模均处于劣势的办展单位来说,要根据本展会的定位充分考虑同类展会对本展会可能产生的影响,原则上要避开国内外有重大影响的同类展览项目的举办时间,避免彼此在时间上产生冲突。否则由于激烈竞争造成参展商的流失,或纷纷降低参展价格拉拢参展商而造成无序竞争,只会削弱自身的实力。因此一般两个同类展会的举办时间至少要相隔 3 个月以上。

第三,可以借助相关题材展会的展览时间同期举办,共享客户资源。对竞争力较弱的展会来说,借助相关题材展会的展览时间同期举办或接续举办各种相关题材的专业展会,可以共享客户资源,互相促进,优势互补,产生"$1+1>2$"的效果。如义乌小商品博览会,其展期处于每年秋季广交会的换展期,义乌与广州之间开设航班 100 多架次,每天开行多个航班,方便中外客商往返义乌与广州之间。

第四,气候的问题。展会一般在春秋两季举办,国际展和国内展的旺季一般是 3 月到 6 月,或者是 9 月到 11 月。

第五,考虑到节假日。综合性的展销会或者房产展、人才招聘会等以个人观众消费、娱乐、参观为主的展览,可以选择节假日,对一些专业展来说要避开诸如春节、圣诞节、劳动节、国庆节等重要节日。

引导问题 10:一个展会的展期、筹撤展时间应如何确定?给自己的展会确定适合的展期和筹撤展时间。

_____

4.4.3 展期及筹撤展时间的确定

展期是指展会的正式展出时间,即从开幕到闭幕的时间段。国际展会的展期一般是3~4天,国内展会的展期一般是3~5天。展期要考虑预计的观众人数,还有场馆的接待能力,或者根据成本预算来确定展期。

微课:确定办展时间

除了开幕时间、闭幕时间,还有一些其他时间需要确定,包括布展时间、撤展时间、开幕式与闭幕式的时间、观众参观时间等。如某展会办展时间确定如下。

开幕时间:2023年9月19日上午9时30分。

展览时间:2023年9月19日至22日,每天上午9时至下午5时。

开放时间:2023年9月19日至20日只对专业观众开放。
　　　　　2023年9月21日至22日对专业观众、一般公众都开放。

筹展时间:2023年9月16日至18日,每天上午9时至晚上8时。

撤展时间:2023年9月23日至24日,每天上午9时至晚上9时。

任务4.5　确定办展地点

引导问题11:办展地点的确定包括选择展览城市和选择展览场馆。展览城市应如何确定?给自己的展会确定适合的展览城市。

_____

_____

_____

4.5.1 展览城市

1. 展览城市的选择

选择展览城市时应该考虑资源条件、管理条件和环境条件。

(1) 资源条件。对一些大型的展览会,举办地是否具有举办展览会的场所非常重要,因此展览场地的数量和质量可以看作展览城市的核心资源。事实上,展览产业发达,通常城市也以建设大型会展中心为主要的产业推动力,如广州的广州会展馆、北京的国际展览中心(新馆)、上海的国家会展中心。

展览城市的支持资源包括相关支持产业、目的地整体环境、旅游资源和吸引物等。首先,相关支持产业有利于展览产业的发展,交通运输、旅行社、住宿

笔记

和餐饮运营、娱乐等产业是确保展览活动平稳运营的支持产业。其次,目的地整体环境包括展览会举办地的基础设施、目的地可达性、服务质量、安全性、城市形象等。最后,旅游资源和吸引物可以激发参展商和观众参加展览会的动机。

(2)管理条件。管理分为政府管理和产业管理。政府管理包括城市产业发展战略、城市会展、营销、城市人力资源、项目、环境保护、立法等,政府管理是形成展览城市竞争力的基础。产业管理包括行业协会、产业融入目的地、营销项目、资金、产业项目、培训产业、培训项目等,行业协会在行业管理政府和企业之间的信息沟通、行业自律、项目评估、人才培训等方面发挥积极而重要的作用。

(3)环境条件。环境条件主要包括运营环境和远期环境。运营环境是城市运营展览产业的优势和能力,如人力资源、资本资源、物质基础设施、科技技术基础设施、信息等因素。运营环境与产业结构、企业行为和企业绩效以及展览城市举办展览并支持展览产业的能力有关,是一个城市发展展览产业的基础。远期环境是指那些在目的地之外的,并限制组织管理者战略选择的条件,如汇率变化、政府政策、财政政策、世界经济条件等。总体来说,远期环境是展览产业运营的大环境,很难对其进行量化,但往往是这样的环境条件影响了展览策划者对城市的选择。

2. 展览城市的类型

展览城市主要有以下三类。

(1)产业中心。很多展览会选择在产业基础发展好的城市举办,如广交会落户广州,就是因为广州是中国的制造业中心,广州有很多展览会是在地区产业的基础上发展起来的,选择产业中心城市作为展览会举办地,可以有较好的参展基础。

(2)消费中心。除接近参展商,接近消费群体也是展览主办方选择城市的重要因素,尤其是消费类展览会或者综合类展览会。例如,国际五大汽车展中有三个车展在欧洲举办,即法兰克福车展、巴黎车展、日内瓦车展,另一个是在北美洲的北美车展,还有一个是在亚洲的东京车展。这五个车展都是在发达国家、发达城市举办的,举办城市的消费能力很强。

(3)资源集聚中心。有的展览城市是集聚中心,是各种买方和卖方资源的集聚地。集聚中心可能既是产业中心,又是消费中心,也有可能既不是产业中心,也不是消费中心,却是各种资源的集聚地。比如,美国的拉斯维加斯,既不是产业中心,也不是消费中心,但拉斯维加斯是美国乃至世界范围内的会展中心,享有"世界会展之都"的美誉,会展产业非常发达。

引导问题12:一个展会的展览场馆应如何确定?给自己的展会确定适合的展览场馆。

4.5.2 展览场馆

展览会通常在会展中心举办,会展中心作为各类展览活动和会议活动的载体,应该具备比较完备的功能及完善的会展设施和设备,这样才能为各类展览及相关活动提供服务。在选择展馆时,不仅应充分考虑会展中心所具备的功能以及所拥有的设施和设备,还需要考虑配套设施,如配套的交通设施、住宿和餐饮设施、娱乐和购物设施等。

微课:确定办展地点

在了解了展馆的设施和配套设施之后,展览策划者需要考虑选择展馆的指标,主要有展览馆的位置、规模、场馆的周边配套设施以及会展中心的管理水平和服务水平等。

任务 4.6 确定展品范围

引导问题 13:展品范围的确定有哪些方法?采用适合的方法确定自己展会的展品范围。

_____
_____
_____

展览会展品范围的确定大体有以下五种方法。

4.6.1 产业链法

产业链法是将展览会主题视为一个产业,按产业链产品的前后关系横向细分展览范围。例如,第十九届中国畜牧业博览会的展品范围主要有国内外畜牧饲料、生产资料、畜牧饲料的器械及加工设备、优质的畜产品、饲料的科技成果以及相关产品、畜牧及相关行业媒体等全产业链各环节的产品信息与服务,即根据畜牧业产业链上的产品来设计。

微课:确定展品范围

4.6.2 垂直细分法

垂直细分法是将展览会主题视为一个行业,依据统计学分类标准和业内的惯例,以纵向从上到下垂直细分该行业的产品,按行业产品构成垂直细分展览范围。例如,中国国际机床展的展品范围有齿轮加工类、工业机器人、数控系统、刀具、机床附件、车床、铣床、镗床等,即根据机床行业的垂直分类来设计。

4.6.3 概念法

概念法是指将展览会主题视为一个概念,按概念的内涵细分展览范围。

笔记

例如,高交会的智慧城市展展品范围主要有两类:第一类是服务于智慧城市的互联网、物联网、云计算和智能卡技术与设备;第二类是涉及城市及社会、建筑、通信、电网等。可以看出智慧城市展的展品范围来自住建部于2012年发布的《关于开展国家智慧城市试点工作的通知》中智慧城市的概念。

4.6.4 划分主题,设计展品范围

针对主题综合、内容多元的展览会,即多个相近或者是相连的、相关联的主题融入一个综合主题下的展览会,可以先细分主题,再根据细分主题设计展览范围。

4.6.5 借鉴法

针对主题相关或者相近的展览会,可借鉴成熟展览会的展览范围,即借鉴已经举办的类似主题的展览会展品范围来设计本展会的展品范围。

任务4.7 预估展会规模

❓ 引导问题14:展会规模可以从哪些方面衡量?

_____
_____
_____

4.7.1 衡量展会规模的因素

展会规模一般从三个方面衡量,即展览面积、参展商的数量、到场观众的数量。

1. 展览面积

展会的展览面积包括实际使用面积和毛面积两种。实际使用面积主要是指展会所有展位实际使用面积之和,毛面积是指展会所有的展位、通道、空地等面积之和。

2. 参展商的数量

参展商的数量主要是指在展馆内占据一定面积的展位进行产品、服务展示的参展企业的数量。

3. 到场观众的数量

到场观众的数量是衡量展会规模的重要标准,特别是随着展会市场逐渐从卖方市场向买方市场转变,观众质量成为参展商衡量展会是否成功及其参展效果的重要因素,因此对专业型展会而言,有效的专业观众的数量是展会规

模的重要体现。

❓ **引导问题 15**：展会规模怎样预估？采用适合的方法并预估自己展会的规模。

_____
_____
_____

4.7.2 展会规模预估

在展会立项策划之初，展会还没有实际举办，因此实际参加的参展商和观众数量并不确定。如果没有预估展会规模，那么接下来的展馆租赁、宣传推广、展商的邀请、观众的邀请工作就没有一定的依据，因此先要对展会规模进行预估。

微课：展会规模预估

展会规模可以从以下几个方面来预估。

1. 产业条件

产业条件主要包括展会所在行业的产业特征、产业规模、市场容量以及发展趋势。产品特征往往影响参展商对展位面积的需求，间接对展会规模造成影响。例如，大型机械设备展会中，参展商普遍需要较大面积的展位，展会规模总体较大。产业规模和市场容量将直接影响展会潜在客户的规模。例如，若产业规模和市场容量较小，产业内企业普遍为中小型企业的产业，该行业展会以精细型展会为主。对于处于上升空间、发展空间较广阔的产业，展会规模则较大，且处于不断扩展、提升的阶段。办展方需要尊重产业发展现状与特征，不应当盲目追求展会的规模而忽略了展会的质量。

2. 展馆条件

对于部分大型展会，其规模还要受场馆规模的限制。若举办地展馆容量无法承受展会规模，办展方需要通过分期展的形式对展会规模进行限制和规划。例如，广交会作为中国第一展，每年春秋两季汇集国内外的大量产品供应商和采购商，展位十分紧俏，办展方根据展品的类型实行分期展览。对于场馆仍然无法满足的参展需求，办展方只能通过控制参展商数量的方式对展会的规模进行把控。

3. 展会的定位与办展策略

展会规模还受展会定位和办展策略的影响。例如，部分展会定位为高端、专业型展会，那么为了保证展会质量和规模，对于参展商可以设置比较高的准入门槛，此时展会的规模将受到一定的人为限制。而对部分成长型的展会而言，办展方需要在短时间内扩大展会规模，提升展会的影响力，对参展商抱有积极开放的态度，那么也会导致展会规模比较大。

笔记

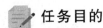

任务目的

通过选定展会项目的选题,为下一步开展会展项目策划确定方向,同时掌握展览项目名称、时间、地点、办展机构、展品范围以及展会规模的策划方法,并运用到展览项目策划过程中,锻炼实际应用能力,培养团队合作精神,提升职业素养,增强职业自信心。

任务名称

搭建展会基本框架。

任务分组

班级		小组名称		指导教师	
组长		学号		分工	
成员		学号		分工	
成员		学号		分工	
成员		学号		分工	
成员		学号		分工	
成员		学号		分工	

任务实施

1. 活动要求

(1) 分组,每组3~5人。

(2) 以小组形式完成展会项目相关题材案例和资料的查找,先组内讨论拟选定的展会项目所在行业和题材,可以参考实际案例,也可以根据设定情景自行编撰适合的题材,要求尽量符合成功选题的各项条件。

(3) 小组讨论交流后与教师讨论,确定展会题材。

(4) 题材选定后,按照所学方法,分别确定本组展会的名称、时间、地点、办展机构、展品范围、展会规模等。

2. 活动步骤

(1) 分组,确定组长、成员。

(2) 查找展会项目案例和资料。

(3) 在组内讨论拟选定题材,得出小组活动结论。

(4) 确定题材后,继续完成其他展会信息框架的搭建。

(5) 小组讨论交流、师生讨论评价。

任务评价

小组自评、小组互评与教师评价相结合。自我评价占10%,小组成员组内互评占10%,小组互评占10%,教师评价占70%。任务评价表如表4-1所示。

表 4-1 任务评价表

班级			组名		日期					
评价点	评价要素				分值	自我评价	组内互评	组间互评	教师评价	总评
能力目标1	能综合分析、运用题材选定的方法,展会题材选定具有前沿性、时代性,能评价本组及其他小组选定的题材				8					
能力目标2	展会名称规范,具有知识产权意识,能评价本组及其他小组选定的展会名称				8					
能力目标3	能运用、分析、综合并评价办展机构的确定,办展单位设置合理、责任划分清晰				8					
能力目标4	能运用、分析、综合并评价办展时间的确定,办展时间合理,符合行业特点				8					
能力目标5	能运用、分析、综合并评价办展地点的确定,办展地点策划合理				8					
能力目标6	能运用、分析、综合并评价展品范围的确定,展品范围设计合理、科学,涵盖全面,符合展会主题				8					
能力目标7	能运用、分析、综合并评价展会规模的预估,展会规模适当,描述清晰,符合展会发展现状				8					
素质目标1	具有关注民生、社会担当、助力行业、经世济民、胸怀天下的家国情怀;展会主题融入乡村振兴、美丽中国、创意生活、数字经济、智慧城市等内容				8					
素质目标2	具有展览策划与管理职业所需的尽职、敬业、勤勉、负责、合作、匠心的职业素养;具有良好的信息素养,能有效利用网络资源、工作手册等查找案例、有效信息;能将查找到的信息有效转换到工作中				7					
素质目标3	养成会展策划师和会展职业经理人应具备的吃苦耐劳、恪守信用、讲求效率、尊重规律、崇尚卓越的职业态度;工作计划、工作流程符合规范要求;获得进一步发展的能力;能按要求完成任务,精益求精,不断完善;评价公正、客观				7					

笔记

笔记

续表

评价点	评 价 要 素	分值	自我评价	组内互评	组间互评	教师评价	总评
素质目标4	展会名称命名规范,具有知识产权保护意识	7					
素质目标5	具有分工合作、团结协作的团队精神;能够倾听、团队合作、分享,与教师、同学之间能够相互尊重、理解;与教师、同学之间能够有多向、丰富适宜的信息交流	8					
素质目标6	养成自主学习、自我培养、自我认知和自信的性格与品质;探究学习、自主学习不流于形式,处理好合作学习和独立思考的关系,做到有效学习;有良好的学习习惯,全过程参加学习并完成任务,提交任务及时、规范	7					
总分		100					
有益经验							
总结反思							

 任务拓展

按照选题方向有针对性地参观考察同类展会,重点关注该展会的基本框架,思考其名称、时间、地点等的确定对本展会的参考作用。

项目小结

本项目主要学习了展会基本框架搭建的相关知识,包括选定展会题材、确定展会名称、确定办展机构、确定办展时间、确定办展地点、确定展品范围、预估展会规模相关知识。同时在掌握知识的基础上,培养运用、分析、综合相关知识的能力,并可以自我评价和评价他人,具有关注民生、社会担当、助力行业、经世济民、胸怀天下的家国情怀,培养尽职、敬业、勤勉的职业素养和精益求精、崇尚卓越的职业态度,具有知识产权保护意识,具有分工合作、团结协作的团队精神,养成自主学习习惯。

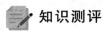

资料:搭建展会基本框架知识测评

项目 5 　招展策划

 知识框架

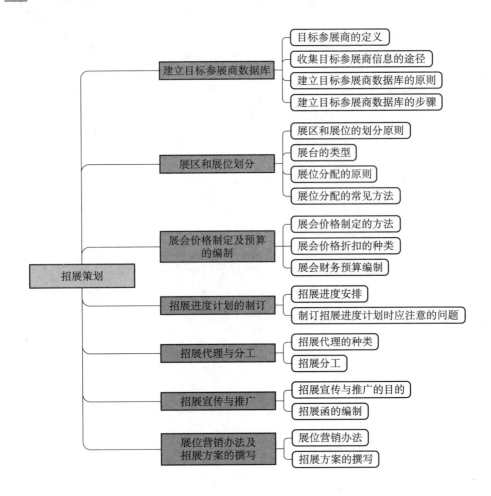

 教学重点

目标参展商数据库的建立;展区和展位的划分;展会价格的制定及预算的编制;招展进度计划;招展方案的撰写。

教学难点

目标参展商数据库；划分展区和展位；展会价格；招展方案。

学习情境描述

第130届中国进出口商品交易会（The China Import and Export Fair，简称"广交会"）网站展示的展位价格如表5-1所示。

表5-1 第130届广交会出口展各展区展位价格标准

标准展位计费单位：元/（9m²/个）

类别	展区	标准展位费单价	
		室内展厅	户外展场
电子及家电类	电子消费品及信息产品	15 950	
	电子电气产品	15 950	
	家用电器	15 950	
照明类	照明产品	15 950	
能源类	新能源	15 950	
车辆及配件类	自行车		13 950
	摩托车		15 950
	汽车配件		13 450
	车辆		13 450/20m²
五金工具类	工具	13 950	
	五金	13 950	
建材类	建筑及装饰材料	15 950	
	卫浴设备	15 950	
机械类	通用机械、小型加工机械及工业零部件	15 950	13 450
	动力、电力设备	15 950	
	大型机械及设备	15 950	
	工程农机（室内）		13 450/12m²
	工程农机（室外）		13 450/20m²

（资料来源：https://cospub.cantonfair.org.cn/4611007545732117792/1646981087347-7e4e0cc2-e1d2-4b9d-b154-f44709627c66.pdf.）

上述信息显示了广交会不同展位的价格。一个展会最终的收益取决于展会价格的制定以及如何将这些展位最终销售给参展商，因此招展策划是展会营销策划的重点内容。

学习目标

知识目标

（1）记忆并理解目标参展商数据库的建立。
（2）记忆并理解展区和展位的划分。

笔记

(3) 记忆并理解展会价格的制定及预算的编制。
(4) 记忆并理解招展进度计划。
(5) 记忆并理解招展代理与分工。
(6) 记忆并理解招展宣传与推广。
(7) 记忆并理解展位营销办法以及招展方案的撰写。

能力目标

(1) 分析、运用、综合并评价目标参展商数据库的建立。
(2) 分析、运用、综合并评价展区和展位的划分。
(3) 分析、运用、综合并评价展会价格的制定及预算的编制。
(4) 分析、运用、综合并评价招展进度计划。
(5) 分析、运用、综合并评价招展代理与分工。
(6) 分析、运用、综合并评价招展宣传与推广。
(7) 分析、运用、综合并评价展位营销办法及招展方案的撰写。

素质目标

(1) 招展策划时具有关注民生、社会担当、助力行业、经世济民、胸怀天下的家国情怀。
(2) 培养展览策划与管理职业所需的尽职、敬业、勤勉、负责、合作、匠心的职业素养;具有良好信息素养,能有效利用网络资源、工作手册等查找案例、目标参展信息及完成其他任务所需的有效信息;能将查找到的信息有效转换到工作中。
(3) 养成会展策划师和会展职业经理人应具备的吃苦耐劳、恪守信用、讲求效率、尊重规律、崇尚卓越的职业态度;工作计划、工作流程符合规范要求;获得进一步发展的能力;能按要求完成任务,精益求精,不断完善;招展函编制具有美学素养。
(4) 招展策划时努力提升行业专业知识;具有创新创意思维、商业模式思维、系统思维以及成本意识、效益意识、分工合作意识、时间效率意识。
(5) 具有分工合作、团结一心的团队精神;能够倾听、团队合作、分享,与教师、同学之间相互尊重、理解;与教师、同学之间保证多向、丰富适宜的信息交流。
(6) 养成自主学习、自我培养、自我认知和自信的性格与品质。探究学习、自主学习不流于形式,处理好合作学习和独立思考的关系,做到有效学习。

任务 5.1　建立目标参展商数据库

? 引导问题 1：本任务中,你选定的展览项目的目标参展商有哪些?

_____
_____
_____

5.1.1　目标参展商的定义

目标参展商就是办展机构认为可能来参加展会展出的企业和其他单位,包括展会题材所在行业的企业、与该题材相关联行业的企业。

目标参展商属于展会招揽展出者的目标范围,所以展会招展是在掌握了展览题材所在行业企业的基本数量、特征和分布状况的前提下进行的。因此在从事会展职业时,不但要熟练掌握会展专业知识,还要开阔自己的视野、关注国家政策和行业发展,关心国家大事、增强社会责任感,关注行业发展现状和趋势,深耕某一行业领域,将会展专业知识和行业知识结合起来,才能成为优秀的会展职业人。

? 引导问题 2：本任务中,你选定的展览项目的展品范围有哪些?可以分为哪些展区呢?可结合前面有关展品范围的相关知识,并参照 2022 年深圳国际医疗器械展览会展区划分及展品范围,讨论生产和提供这些产品及服务的企业以及相关联的企业是否属于展会的目标参展商。

案例:2022 年深圳国际医疗器械展览会展区划分及展品范围

_____
_____
_____
_____

? 引导问题 3：你知道如何收集目标参展商的信息吗?收集途径有哪些?应收集哪些信息?

_____
_____
_____

5.1.2　收集目标参展商信息的途径

收集目标参展商信息的途径有很多,可以通过行业企业的名录来收集,还可以通过商会和行业协会、政府主管部门、专业报刊、同类展会、外国驻华机构、专业的网站以及电话黄页等途径来收集目标参展商信息。这些可以根据展会的实际情况将以上途径结合起来使用。收集信息的时候，要培养劳动精神，不怕吃苦，细心认真，还可以发挥团队精神，进行分工合作，利用团队思维，尽量收集更多、更全面的信息。

收集目标参展商信息需要收集目标参展商的名称、地址、联系电话、传真、电子邮件、联系人、产品种类、目标市场、企业规模、竞争对手等有关信息。

 笔记

❓ 引导问题4：建立目标参展商数据库的原则有哪些？

_____

_____

_____

5.1.3 建立目标参展商数据库的原则

建立目标参展商数据库要遵循以下几个原则。

1. 要有一定的数据量

一个目标参展商真正成为参展商需要通过前期的大量联络沟通，不是每一家联系的企业都会前来参展，因此建立目标参展商数据库需要有大量的数据作为基础。

2. 要进行科学合理的分类

所有的目标参展商信息要有一个科学合理的分类，例如，可以按照产业链来分类，按参展展品的性质来分类，按照参展意向来分类等，没有经过任何分类的数据库是非常杂乱的，使用起来效率会非常低。

3. 要求数据真实、可靠

收集到的信息如果不真实，那么就属于无效信息。

4. 建立数据库的时候注意便于查找和检索

任何一条信息，在要想用的时候应该能快速找到，所以在建目标参展商数据库的时候一定要考虑这个原则。

5. 要考虑到可以及时修改

数据库建完之后，在使用过程中要不停与目标参展商沟通。在沟通过程中，有一些信息可能需要修改，如联系人、电话、负责人等，因此数据库要能够及时修改。

以上是在建立目标参展商数据库时需要注意的几个原则。在运用这些原则时要注意培养吃苦耐劳、认真仔细的劳动精神，发扬团队分工合作精神，锻炼商业敏感度和精益思维能力，积累行业知识，为成为优秀的职业会展人奠定基础。

❓ **引导问题 5**：建立目标参展商数据库的步骤是什么？

_____

_____

_____

5.1.4 建立目标参展商数据库的步骤

建立目标参展商数据库可以按以下步骤来进行。

（1）提出数据分类的标准，再按照这个分类标准对数据库里的数据进行分类。

微课：建立目标参展商数据库

（2）分类之后要确定数据库的基本字段。建立数据库一般要使用软件。因此在输入数据的时候，要把基本字段确定好，才能够把它添加进去。基本字段根据各公司的需求而定，如目标参展商的区域、国别、省份、名称、性质、行业、负责人、联系电话、联系人等。

（3）选择合适的软件。现在市场上有关会展营销的软件非常多，每家公司会根据自己的需求选择不同的软件。注意在选择软件的时候，要有效率意识、安全意识、成本意识，要考虑到软件的速度、安全性、便利性，同时要考虑到软件成本。

（4）录入目标参展商信息，也可以通过软件中的批量导入功能，或者其他识别方式录入信息，这时即可完成目标参展商数据库的建立。

（5）后期使用和维护。

任务 5.2 展区和展位划分

❓ **引导问题 6**：展区和展位的划分原则是什么？

_____

_____

_____

5.2.1 展区和展位的划分原则

展区和展位的划分对招展来说非常重要。对展区进行合理的划分，不仅有利于展位的搭建和展品的摆放，也有利于观众的参观，优化观展体验，同时也是对参展商负责的表现，可以增强展出效果。合理的展区划分能够使人流井然有序，使现场服务和管理更加方便。

资料：展区和展位的划分原则

展区和展位的划分是招展策划与展位营销重要的基础性准备工作，不仅会影响展会的整体效果,还会影响办展机构、参展商、观众以及展会服务商在展会期间的活动,如办展机构对展会现场的管理,各参展商对具体展位的挑选,观众参观展会是否便利,会展服务商为参展商服务是否便利等。展区和展位应该提前划分。展会招展时,同类展品的参展商通常被安排在同一展区。在该展区,参展商可以根据自己的要求选择具体展位。

展区和展位的划分关系到招展和展会的整体形象,因此在划分展区和展位时要遵循一些原则,具体包括按展品专业题材类别划分展区,便于观众参观,利于改进展出效果,因地制宜,有利于展会现场管理和现场服务,统筹兼顾。

微课:展区和展位的划分

掌握了展区和展位划分原则后,要学会运用到实践中,同时要合理进行资源布局,培养大局意识和系统思维,要具有品牌意识、效益意识、安全意识,要充分了解展商和观众的需求,培养会展职业人的服务意识、提高专业水平。

❓ **引导问题 7**:你所了解的展台有哪些类型?

_____
_____
_____

5.2.2 展台的类型

一般来说,展台有以下几种类型。

1. "道边型"展台

"道边型"展台也称"单开口"展台,它夹在一排展位中间,观众只能从其面前的过道进入展台内。

2. "墙角型"展台

"墙角型"展台也称"双开口"展台,它位于一排展台的顶端,两面邻过道,观众可以从它前面的通道和垂直于它的过道进入展台。

"墙角型"展台与"道边型"展台相比,面积相同,但多出一条观众进入展台的侧面过道,因而观众流量较大,展示效果较好,当然租金也要高一些。

3. "半岛型"展台

观众可从三个侧面进入展台,"半岛型"展台的展示效果要比"道边型"展台和"墙角型"展台好一些。参展商在选择这种展台时,要配合做好特装展台设计和搭建才能达到满意的效果。

4. "岛型"展台

"岛型"展台在四种展台中租金最高,它与其他三种展台不同,观众可以从任意侧面进入展台内,因而更能吸引观众的注意力。这类展台利于参展商打造独特的展位造型,展示、广告效果好,因而设计起来需要更为精心,搭建费用较高,但也是大型企业参加展会的首选。

引导问题8:在一个展会中,位置优越的展位是有限的,那么合理分配展位的原则是什么呢?

5.2.3 展位分配的原则

展会分配展位时,可以按照以下原则进行。

微课:展位分配的原则

1. 公平原则

可以采用不同的方法体现公平原则,如先到先得、抽签、预定、竞标等方法。

2. 实效评估原则

在兼顾公平的基础上,办展方还可以对参展商往届参展的表现进行实效评估,对参展商的行业代表性、产品质量、参展信誉度等进行综合评估,在其他条件相同的情况下,得分高的企业一般可以优先选择展位,如广交会对往届表现突出和在国际上具有一定实力和知名度的参展商优先安排展位。通过实效评估,可以在一定程度上保障优质展位流向优质参展企业,有利于提升展会参展商整体水平,同时对于培养忠诚客户、增强客户黏性具有促进作用。

3. 公开、透明原则

不论主办方采用何种原则和方法分配展位,需要公开、透明。

4. 属地优先原则

属地优先是对于某些属地的企业优先分配,如广交会优先为展销广东省自产商品的企业安排展会。在实施属地优先原则时,办展方应当向其他参展商充分解释属地优先的原因、标准以及具体的操作方式,避免其他参展商对该方式产生误解,甚至影响展会的品牌信誉度。

引导问题9:分配展位的具体方法有哪些?

5.2.4 展位分配的常见方法

在展位分配时,可以采用延续法、先到先分法、会员法、面积法、打分法、抽

笔记

资料:展位分配的常见方法

签法、预定法、竞标法、支付方式法等。

以上几种方式可以结合使用。例如,同一天收到多份参展申请书,就可以根据是否属于正式会员或者承租的展位面积大小来确定分配次序。不论采取何种方式分配展位,都需要有确定的标准来规避不满情绪,所有方法都应有明确的记录,方法的选择和相关信息应在招展书中明确说明,防止产生误解。

熟练掌握了展位分配原则和方法后,要灵活运用。在进行展位分配时,要具有系统思维、大局意识、品牌意识、效益意识和成本意识,公平公正,培养战略意识和精益精神,追求卓越、争创一流,正确合理地划分展位和分配展位,从而打造优质品牌展会。

任务 5.3　展会价格制定及预算的编制

微课:展会价格制定及预算的编制

❓ 引导问题 10:展会价格制定的方法有哪些?

_____
_____
_____
_____

5.3.1　展会价格制定的方法

资料:展会的定价目标和定价方法

展会主要有两类展位,一类是标准展位,另一类是特装展位。标准展位以展位个数为单位来定价,通常来说,标准展位定价是一个 3m×3m 的标准展位价格。特装展位是主办方提供给参展商一定面积,也叫光地面积,所以特装展位是以面积为单位来定价。如果展会分室内展位和室外展位,还可以对室内展位和室外展位进行不同的定价。

给展会的展位制定价格,首先需要确定定价目标,然后按照适合的方法进行定价。一般来说,展会的定价目标有利润目标、市场份额目标、撇脂目标、展会质量领先目标、生存目标五种。展会定价方法一般有成本导向定价法、需求导向定价法、竞争导向定价法等。

❓ 引导问题 11:展会价格折扣有哪几种?

_____
_____
_____

5.3.2 展会价格折扣的种类

展会价格折扣主要有以下几种类型。

1. 统一折扣

统一折扣是指所有的参展商都适用于统一的折扣标准。这种折扣标准通常是按参展面积的大小来制定的,参展面积越大,参展商得到的折扣也越大;当参展面积达到一定规模时,折扣不再增加,也就是说有一个折扣上限。

2. 差别折扣

差别折扣是指针对不同的标准执行不同的价格。例如,按参展商的地区来源不同,分别给予不同的折扣,或者对标准展位和空地展位执行不同的折扣标准等。这种折扣办法一般不会引起招展价格的混乱。

3. 特别折扣

通常展会可以给予参展规模大、在行业内有较大影响力和知名度的企业以特别价格优惠。行业知名企业参展对提高展览的档次和影响力,以及吸引其他企业参展有重要影响,而且行业知名企业参展的面积一般较大,为了吸引这些企业参展,展览组织机构一般会针对这类企业专门制定一个特别折扣标准。

4. 位置折扣

位置折扣是指针对展馆内场地位置的优劣而制定的折扣标准。同一个展馆内不同的展区位置有好有坏,而同一个展区内不同的展位位置也有差别,为了避免较差的位置无人问津,对较差的位置可以给予较多的价格优惠。

5. 季节折扣

展览会受季节的影响明显,为了保证展览淡季办展机构的利润维持在一个比较稳定的水平上,办展机构常在淡季给参展商一定优惠,以吸引参展商淡季参展。

招展价格及价格折扣标准制定后,执行时要注意以下问题。第一,要严格执行价格及价格折扣标准。第二,要注意招展代理以及招展价格的管理。第三,要避免展会开幕临近的时候低价倾销。第四,要控制差别折扣和特别折扣的适用范围。

引导问题 12:如何编制展会的财务预算?

5.3.3 展会财务预算编制

财务预算是对展会举办期间所需要的经费和预期收入进行初步估算。财

笔记

务预算根据每项活动的签约展商和供应商提供的准确报价形成,用来核算预期的收入和支出,并根据调研数据保证每项支出可以记录在案。

财务预算提供了展会筹备活动中费用支出的依据,从而确保活动项目的各项财务支出充足、合理和高效。财务预算的意义主要有以下三个。第一,通过计算投入产出,从经济尤其是从投资回报的角度,进一步审视展会可能产生的经营风险。第二,通过分析收入来源和测算收入金额,为新组建的项目团队开拓市场及考核业绩,规划管理目标。第三,通过细化成本测算开支,厘清项目财务管理的思路与重点。

展会项目的财务预算由营业收入、营业成本和营业利润三个具体指标组成。

1. 营业收入

展会的营业收入主要由展位费、门票、广告和赞助以及其他收入构成。

(1) 展位费收入。展位费是向参展商销售展位的收入。

(2) 门票收入。门票收入是向展会观众收取的展会、技术交流会、研讨会、表演等的门票所获得的收入。

(3) 广告和赞助。展会还可以有广告收入和赞助收入。广告是向有广告需求的广告主提供广告服务所获得的收入。展会常见的广告资源有证件、入场券、会刊、现场广告牌等。赞助是赞助商向展会提供赞助并得到一定回报的行为,常见的赞助内容有资金、劳务和实物等,赞助的回报形式主要有冠名、广告、活动、指定商品等,其中赞助的资金就属于展会的赞助收入。

(4) 其他收入。展会还可以利用自身资源获取以上收入之外的收入。

2. 营业成本

展会的营业成本主要由经营性成本和管理性成本构成。经营性成本是指直接用于展会经营的费用,一般包括展览场馆租金及服务费、宣传推广费、观众邀约费等。管理性成本是指展会主办方用于经营管理的费用,一般包括通信费、差旅费、业务招待费、员工销售佣金、税费等。

3. 营业利润

展会的营业利润等于营业收入减去营业成本。在展会项目的预算表中,展会的营业利润不是主办方能够获取的净利润,而是毛利润,毛利润在摊销了项目团队成员的工资及其社会保险等费用后,如果有盈余,再按照法律规定缴纳了所得税之后才是净利润。

任务 5.4 招展进度计划的制订

⑦ **引导问题 13**:招展进度安排如何确定?

5.4.1 招展进度安排

招展进度安排是对各项招展工作进度做出总体规划和安排,以便控制招展工作的进程,确保招展成功。要做到合理安排招展进度,就必须进行招展进度计划的策划。

所谓招展进度计划,就是在招展工作开始实施之前,就对招展工作及其要达到的效果进行统筹规划,事先安排好什么时候该开展什么招展活动,采取什么招展措施,到什么阶段招展工作要达到什么效果,完成什么任务等。有了招展进度安排,就可以对招展工作进行总体控制和监督,及时对照检查,发现问题,调整策略,使招展工作顺利完成,从而保证展会成功举办。

招展进度安排一般用表格的形式来表现,有了招展进度计划表,就可以有条不紊地按计划开展招展活动,并对招展效果及时进行检查,如果发现没有达到招展阶段性目标,则及时采取补救措施,促进招展任务的顺利完成。

为了更清晰地表明进度安排,可以使用甘特图。甘特图(gantt chart)又称为横道图、条状图(bar chart),能通过条状图来显示项目进度和其他时间相关的系统进展的内在关系随着时间进展的情况,如图 5-1 所示。

图 5-1 甘特图

❓ **引导问题 14**:制订招展进度计划时应注意哪些方面的问题?

_____

_____

_____

5.4.2 制订招展进度计划时应注意的问题

招展不是一蹴而就的,是要经过多次反复、多次邀请、多次努力才能完成的工作,这时必须对招展工作在时间上进行合理安排,并在时间上对招展进行有效监督和控制,合理把握招展工作的启动时间、加大招展力度的时间、调整招展策略的时间,保证在展会预定的开幕时间以前圆满完成招展任务。招展工作的时间性要求展

资料:招展工作的时间性要求

会开幕时间符合展览题材所在行业产品的产销时间特点,招展的启动时间安排要合理,预留的招展时间要充足,重点招展时间要把握好,要密切监控招展进度。

微课:招展进度计划

总之,一旦展会开幕日期确定下来,招展工作就是"和时间赛跑",要充分注意招展的时间性要求。

由于市场情况的不断变化,客户信息的不断更新,招展工作一般很难像当初计划得那样顺利,因此办展机构应该按目标参展商招展效果和展位划出数量对招展进行全程监控。招展方要将有关目标参展商的名单列出,将每次与各目标参展商的联系和对方的信息反馈情况记录在案,并绘制"展位分布平面图",将已经被参展商租用的展位用不同的颜色标出,以便分析比对进度计划。

任务 5.5　招展代理与分工

微课:招展代理与分工

⑦ **引导问题 15**:招展工作除了由本展会公司完成,也可以由招展代理来完成。那么有哪些招展代理呢?

_____
_____
_____

5.5.1　招展代理的种类

一般情况下招展代理有以下四类。

1. 独家代理

独家代理是展会主办方将同一时期、同一地区范围内的招展权授予某一家代理商独家负责,同时不再有其他代理商在该区域内为本项目代理招展,展会的主办方也不得在该地域内进行招展。独家代理的业务范围较大,但一般要承诺完成一定数量的招展任务。

2. 排他代理

排他代理是展会主办方将同一时期、同一地区范围内的招展权授予某一家代理商,同时不再有其他代理商在该区域内为本项目代理招展,但是展会的主办方可以在该地区招展。国外代理一般采取这种形式。

3. 一般代理

一般代理是展会主办方将同一时期、同一地区范围内的招展权授予多家代理商,同时展会的主办方也可以在该地区招展,但需明确各代理单位的招展权限。采用此种方式时,代理条件必须统一明确。

4. 承包代理

承包代理即代理商从主办方处承包一定数量的展位,不论能否完成约定的展位招展,代理商都要按照商定的展位费付费给招展单位。

? 引导问题 16:招展工作应如何分工?

_____

_____

_____

5.5.2 招展分工

招展工作的分工安排涉及各招展单位之间的分工安排和本单位内招展人员及其分工安排两方面的内容。

1. 各招展单位之间的分工安排

当展会是由几个单位共同来负责招展时,主办方必须明确各招展单位之间的分工,如各招展单位必须共同遵守的招展原则、各招展单位的计划招展面积、各单位负责的招展地区和重点目标参展商、展位费的收取办法、如何具体安排各参展商的展位等。对各招展单位的招展工作进行分工,是保证会展顺利招展的重要手段。

各招展单位之间的招展分工必须合理、协调和具有可操作性,并兼顾到各方面的利益。如果分工不合理,有些单位就会缺乏招展的积极性,或者有些招展任务根本就是某些招展单位力所不能及的,这将严重影响整体的招展效果;如果分工缺乏协调性,就可能使各招展单位之间缺乏沟通,彼此信息沟通不畅,出现几个招展单位同时争抢同一家目标参展商的混乱局面;如果分工缺乏可操作性,招展分工就会失去约束力,变成纸上谈兵;如果分工没有兼顾到各方面的利益,就可能出现各招展单位竞相压价招揽企业参展的不利局面。总之,对各招展单位的招展分工一定要结合各单位的招展实力,充分发挥各单位的优势,做到优势互补,各方共赢,共同圆满完成招展任务。

2. 本单位内招展人员及其分工安排

不管会展的招展工作是由几个单位共同负责还是只由本单位一家负责,招展单位都要对本单位的招展人员及其分工做出安排。第一,要确定招展人员的名单。第二,要明确各招展人员负责招展的地区范围和重点目标客户名单。第三,要制定各招展人员信息沟通和工作协调方法。第四,制定统一安排展位的措施。

与其他单位之间的招展分工一样,单位内招展人员之间的分工也要注意发挥各自的特长,统筹协调。要避免在招展过程中出现招展任务不明确、跟进措施不力、彼此信息沟通不畅等现象。

笔记

微课:招展宣传与推广

任务 5.6 招展宣传与推广

? 引导问题 17：想要更好地招展,应做好相关的现场宣传推广工作。除了促进招展,你认为宣传推广还有其他目的吗?

_____
_____
_____
_____

5.6.1 招展宣传与推广的目的

一般来说,招展宣传和推广的目的主要有以下几个方面。

1. 熟知展会,扩大展会影响

招展宣传可以为目标参展商提供参加展会的机会,使本展会优先进入目标参展商选择考虑的范围。本来一些参展商可能并不知道该展会,通过招展宣传,参展商由不知道该展会到了解该展会,并根据自身情况做出是否参加本展会的决定。对于行业中影响力不大的组展机构,更应该通过招展宣传来吸引目标参展商参展。

2. 树立展会形象,创造展会竞争优势

随着会展业的发展,展会和办展机构越来越多,如何在竞争激烈的展会市场上占有一席之地,获得参展商的认可,大量的工作来自招展前的宣传,因为招展宣传可以使参展商清楚该展会将提供怎样的服务、与同类展会相比较有哪些不同、自己的参展目的能否得以实现。如果办展机构不进行招展宣传,展会提供的服务特别是增值服务就不为人所知,也就不能赢得客户。可见,招展宣传可以帮助办展机构树立展会形象,创造展会竞争优势。

3. 促进展会招展

招展宣传推广是为促进展会更好地招展而有目的、有针对性地举办一些宣传推广活动,这些宣传推广活动围绕着展会招展基本策略和目标展开,有很强的协调配合性。对于主办机构而言,展会宣传与推广的直接目的就是吸引大量的参展商来参展。

4. 吸引目标观众观展

展会宣传推广与展会的招展、招商工作相互融合,办展机构在进行招展宣传时,实际上也起到了吸引目标观众的作用。如果招展的宣传力度大、工作到位,招展效果好,参展企业中行业内的知名企业较多,展品的技术创新含量高、信息集中,那么观众就会踊跃到会参观,尤其是目标观众的到会率将有所提高。

5. 扩大展会的品牌知名度

将自己举办的展会逐步培育成在国内外有重大影响力的品牌展会是每一个展会主办者不懈追求和努力的目标。品牌展会都是通过卓有成效的品牌经营培育出来的,展会品牌经营是展会进行市场竞争较为有效的手段。展会品牌经营,就是以经营品牌的观念来经营展会,将展会培育成品牌,并通过展会品牌来加强展会与参展商和观众关系的一种经营策略。如果即将举办的展会本身就是一个品牌展会,通过宣传能扩大展会的品牌知名度。

6. 不断提升目标参展商和观众对展会品牌的忠诚度

展会的品牌忠诚度是指参展商和参观者对展会的偏向性行为反应,是依据以往展会活动的记忆形成的对展会的感情度量。目标参展商和观众对一个展会的忠诚度越高,他们就越倾向于参加该展会;反之,他们越容易转向参加其他展会。

引导问题18:招展函的主要内容包括什么?其编制原则有哪些?

_____
_____
_____

5.6.2 招展函的编制

1. 招展函的主要内容

招展函是办展机构用来说明招揽目标参展商参展的小册子。招展函是展会进行展位营销时的核心资料之一,也是目标参展商了解展会情况的主要信息来源。

微课:招展函的编制

为了使目标参展商对展会有足够的了解,并对展会做出基本的判断,招展函上的内容必须准确而全面。一般来说,招展函主要包括以下几方面的内容。

(1)展会的基本内容。展会的基本内容主要包括展会名称和标识、展会的举办时间和地点、办展机构名单、办展起因和办展目标、展会特色、展品范围和价格等。

(2)市场状况介绍。其主要包括行业状况和地区的市场状况等。

(3)展会招商和宣传推广计划。其主要包括展会招商计划、宣传推广计划、相关活动计划、展会服务项目等。

(4)参展办法。其主要包括如何办理参展手续、付款方式、参展申请表和办展机构的联系方式等。

(5)各种图案。如展馆图、交通图、往届展会现场图片等。

2. 编制招展函的原则

(1)内容要全面而准确。招展函内容不能有所遗漏,不能出现差错。

笔记

（2）简单实用。招展函的内容要全面而准确，但不要拖沓和烦琐，要简洁实用，一目了然。

（3）美观大方。招展函的版式布局要美观大方，赏心悦目，字体要适合人们的阅读习惯。

（4）便于邮寄和携带。如果招展函需要通过邮寄或者招展工作人员的携带传到目标参展商的手中，那么招展函的制作样式要便于携带。不过也可以通过网络发送电子招展函。

任务5.7　展位营销办法及招展方案的撰写

❓ 引导问题19：展位营销办法有哪些？

_____
_____
_____
_____

微课：展位
营销办法

5.7.1　展位营销办法

展位营销是办展机构用各种营销手段和渠道将展会计划展出的场地销售给目标参展商的过程，招展策划是展位营销的基础，展位营销是对招展策划方案的具体实施。

确切地说，展位营销是指利用产品、价格、渠道、促销等要素，结合招展工作人员的努力和展会相关的有形展示，用适当的过程传播展会的服务承诺，将展位销售出去的招展活动。展位营销是为招展服务的。展位营销办法主要有关系营销、合作营销、直复营销、网络营销、公共关系营销、基准营销等。

❓ 引导问题20：展位营销办法中的关系营销指的是什么？

_____
_____
_____
_____

1. 关系营销

关系营销主要是根据展会主办方与客户在合作过程中形成的不同紧密程度的关系来判断，不同紧密程度的关系给双方带来的体验也不一样。

1）关系营销的类别

根据展位营销过程当中双方建立的关系紧密程度的不同，关系营销分为不同的类别。

(1) 财务性的关系营销。这是以价格为主要手段，双方是在基本交易、价格为主要基础上构建的一种关系。

(2) 社会性关系营销。这是通过主办方提供给参展方一种个性化的服务与客户建立某种关系产生的一种营销关系。这是比财务关系更为密切的一种关系。

(3) 系统性关系营销。这比财务性关系营销和社会性关系营销更进一层，是将参展企业和展会服务设计成一个价值传递系统，该系统以顾客价值为基础，客户转向竞争对手的机会成本较高。

2) 营销关系的紧密程度

根据关系的紧密程度，可以把这些关系依次分为基本式关系、被动式关系、负责式关系、主动式关系和伙伴式关系。

(1) 基本式关系。基本式关系是指办展机构与参展企业只有基本的交易关系，办展企业很少联系客户，也较少做展后的调查和咨询工作。

(2) 被动式关系。被动式关系是指如果展会开幕前后有企业咨询的话，那么办展机构才会被动地去负责接待以及处理上门咨询的客户。

(3) 负责式关系。负责式关系是指办展机构对客户的需要和感受采取负责任的态度，通过各种途径了解展会是否达到客户的预期效果，并收集客户关于改进展会和服务的意见。

(4) 主动式关系。主动式关系是指办展机构经常主动与客户联系，咨询客户对展会或者其服务的感受，从而征询其意见和建议，并提供展会及其服务的一些新情况。

(5) 伙伴式关系。伙伴式关系是指办展机构与客户建立起高度亲密的关系。

引导问题 21：展位营销办法中的合作营销指的是什么？

___

2. 合作营销

合作营销是指办展机构有选择地与一些机构和单位合作，采取一些有效的策略，共同对展位进行营销的一种营销策略。主要的合作营销机构包括行业协会和商会、国内外著名的展览主办机构、专业报刊、国际组织、各种招展代理、行业知名企业、国内外同类展会、外国驻华机构和政府有关部门、网站等。

引导问题 22：展位营销办法中的直复营销指的是什么？

___

3. 直复营销

直复营销也是一种常见的营销手段。直复营销源于英文词汇 direct marketing，即直接回应的营销，是以营利为目标，通过个性化的沟通媒介向目标市场成员发布发盘信息，以寻求对方直接回应（问询或订购）的社会和管理过程。根据美国直复营销协会（DMA）的定义，直复营销是一种互动的营销系统，运用一种或多种广告媒介，在任意地点产生可衡量的反应或者交易。

直复营销主要有以下几种。

（1）直接邮寄营销，即通过直接邮寄的方式进行直复营销，也就是把资料寄给对方，并期望对方回应。

（2）电话营销。

（3）在展会现场进行推广。

（4）直接拜访客户。

此外，还可以通过其他媒介进行直复营销，如通过一些系统小程序、微信、电子邮件等。直复营销的着眼点主要是办展机构与客户之间的互动，彼此之间以双向交流的方式传递，效率比较高，同时还能为客户提供一种个性化的营销。

引导问题23：展位营销办法中的网络营销指的是什么？

_____
_____
_____
_____

4. 网络营销

网络营销主要有四个特点。第一，不受时空限制，营销的范围具有全球性。第二，营销的成本大幅度减少。第三，可以利用网络的互联性，增强办展机构与参展企业之间的协作关系。第四，具有交互性，可以通过网络对客户的要求做出反应，及时满足客户的要求。

在使用网络进行展会营销时常用以下三种办法。

（1）基于计算机端的网络营销，如建立展会官方网站，在行业专业网站上将营销展会官方网站与相关网站互联，与搜索引擎如百度、谷歌等合作。

（2）利用电子邮件。电子邮件既是直复营销手段，也是重要的网络营销工具，在展会营销中起着重要作用。

（3）基于移动互联网的网络营销，如微博、微信等，还有展会微站、参展企业微展厅、手机终端应用软件（App）、抖音等视频网络、二维码以及各种自媒体等。

网络营销可以与其他营销方式结合起来。网络营销主要就是将展会的有关信息以适当的形式搬到网上，供客户查阅和选用。在互联网如此发达和数字化浪潮势不可当的今天，如果离开网络营销，展会营销可能受到很大的制约，因此网络营销是经常用到的。所以，我们要关注行业发展新动态、掌握新技术，将信息技术手段融入会展营销中，并不断改革创新，站在客户角度，培养服务意识、节约成本、提高效益。

? 引导问题 24：展位营销办法中的公共关系营销的作用是什么？

5. 公共关系营销

公共关系营销可以通过新闻宣传、公共关系广告、社会交往活动、公益或者是事件的赞助活动等方式展开，其作用主要有以下几个方面。

(1) 为了协助办展机构拓展新的展览题材和策划举办新的展会，促进办展机构与客户建立良好的关系。

(2) 可以协助办展机构对展会进行调整和重新定位。

(3) 有利于办展机构创造良好的外部环境。

? 引导问题 25：展位营销办法中的基准营销指的是什么？

6. 基准营销

基准营销是指研究主要竞争对手并以主要竞争对手的经营和营销做法作为本展会制定营销战略和策略的一种展会营销办法。由于世界各国会展业在逐步成熟的过程中普遍走向垄断，随着大量的展会在竞争中逐步走向消亡，一个或少数几个展会品牌在该题材展会市场上占有垄断地位，呈现垄断或寡头竞争两种基本态势，这时候可以根据主要竞争对手营销策略和方法的变化来制定本展会的营销策略和方法。

? 引导问题 26：招展方案包括哪些内容？

5.7.2 招展方案的撰写

招展方案包括以下基本内容。

(1) 产业分布和特点。

(2) 展品范围、展位和展区划分。

(3) 招展价格。

(4) 招展函的编制与发送。

(5) 招展分工。

笔记

(6) 招展代理。
(7) 招展宣传与推广。
(8) 展位营销办法。
(9) 招展预算。
(10) 招展总体进度安排。

 任务目的

通过对选定的会展项目的招展策划,掌握目标参展商信息的收集和数据库的建立、展区和展位的划分、招展价格的制定、展会预算的编制、招展进度、分工、宣传推广、招展函的编制等内容,并运用到实践中,锻炼实际应用能力,培养团队合作精神,并提升职业素养,增强职业自信心。

 任务书

制订招展方案并编制招展函。

任务分组

班级		小组名称		指导教师	
组长		学号		分工	
成员		学号		分工	
成员		学号		分工	
成员		学号		分工	
成员		学号		分工	
成员		学号		分工	

 任务实施

1. 任务要求

(1) 分组,每组 3～5 人。
(2) 以小组的形式完成展览项目相关题材案例和资料的查找,先组内讨论选定的展览项目所在行业和题材,收集目标参展商类别以及信息、相关展会的价格、展区划分、宣传途径、招展函等,可以参考实际案例,也可以根据设定情景自行编撰。
(3) 小组讨论交流后与教师进行讨论,确定大致思路和策略。
(4) 小组内按照所学方法,确定本组展会的目标参展商类别以及信息、价格、展区划分、宣传、营销办法等内容,撰写招展方案,并编制招展函。

2. 完成步骤

(1) 分组,确定组长、成员。
(2) 查找会展项目案例和资料。

(3) 在组内讨论招展策略,得出小组活动结论。
(4) 确定思路后,小组分工,撰写招展方案。
(5) 小组讨论交流、师生讨论评价。

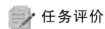 任务评价

小组自评、小组互评与教师评价相结合。自我评价占 10%,小组成员组内互评占 10%,小组互评占 10%,教师评价占 70%。任务评价表如表 5-2 所示。

表 5-2 任务评价表

班级		组名		日期			
评价点	评 价 要 素	分值	自我评价	组内互评	组间互评	教师评价	总评
能力目标 1	分析、运用、综合并评价目标参展商数据库的建立;能正确收集足够数量的目标参展商信息,平均每人收集 50 条有效信息;能进行目标参展商数据的整理、导入、修改、分配、导出和报表统计等基本操作	10					
能力目标 2	能分析、运用、综合并评价展区和展位的划分;展区划分体现展会的专业特点;展位划分符合展会实际情况	7					
能力目标 3	能分析、运用、综合并评价展会价格的制定及预算的编制;价格制定、收入渠道设计符合展会实际情况;预算编制符合展会实际需要,符合展会发展规划	8					
能力目标 4	分析、运用、综合并评价招展进度计划;各项工作时间安排合理,符合实际进度要求;能制作进度计划甘特图	7					
能力目标 5	分析、运用、综合并评价招展代理与分工;根据策划展会的实际选择适合的招展代理;招展分工合理	7					
能力目标 6	分析、运用、综合并评价招展宣传与推广;宣传推广工作与整体工作配合密切,宣传时间节奏安排合理;能采用 PPT(演示文稿)等常用的工具简单设计招展函,配合宣传推广	7					

续表

 笔记

评价点	评 价 要 素	分值	自我评价	组内互评	组间互评	教师评价	总评
能力目标7	分析、运用、综合并评价展位营销办法;营销方法设计合理,符合市场所需,符合策划的展会实际发展状况;能分析、运用、综合并评价招展方案,撰写内容完整、格式规范,体现出招展策划具体内容,有文案撰写能力	14					
素质目标1	招展策划时具备关注民生、社会担当、助力行业、经世济民、胸怀天下的家国情怀	7					
素质目标2	培养展览策划与管理职业所需的尽职、敬业、勤勉、负责、合作、诚信的职业素养;具有良好的信息素养,能有效利用网络资源、工作手册等查找案例、目标参展信息并完成其他任务所需的有效信息;能将查找到的信息有效转换到工作中;评价时公平公正、客观真实	7					
素质目标3	养成会展策划师和会展职业经理人应具备的吃苦耐劳、恪守信用、讲求效率、尊重规律、崇尚卓越、匠心精神的职业态度;工作计划、工作流程符合规范要求;获得进一步发展的能力;能按要求完成任务,精益求精,不断完善;招展函的编制具有美学素养	7					
素质目标4	招展策划时努力提升行业专业知识;具有创新创意思维、价格制定商业模式思维、系统思维以及成本意识、效益意识;进度计划编制时有时间和效率意识	7					
素质目标5	具有分工合作、团结一心的团队精神;能够倾听、团队合作、分享,与教师、同学之间能够相互尊重、理解;与教师、同学之间能够保证多向、丰富适宜的信息交流;招展具有分工时具有分工合作意识	6					

续表

评价点	评价要素	分值	自我评价	组内互评	组间互评	教师评价	总评
素质目标6	养成自主学习、自我培养、自我认知和自信的性格与品质；探究学习、自主学习不流于形式，处理好合作学习和独立思考的关系，做到有效学习；有良好的学习习惯，全过程参加学习并完成任务，提交任务及时、规范	6					
总分		100					
有益经验							
总结反思							

 任务拓展

通过现场观摩、资料查阅、调查访问等形式了解广交会选定的会展项目的招展策划内容，掌握目标参展商信息的收集和数据库的建立、展区和展位的划分、招展价格的制定、展会预算的编制、招展进度、分工、宣传推广、招展函的编制等内容，并运用到实践中，锻炼实际应用能力，培养团队合作精神，提升职业素养，增强职业自信心。

 项目小结

本项目通过对选定的会展项目招展策划知识的学习，掌握目标参展商信息的收集和数据库的建立、展区和展位的划分、招展价格的制定、展会预算的编制、招展进度、分工、宣传推广、招展函的编制等内容，并运用到展会招展方案中，锻炼实际应用能力，培养团队合作精神，提升职业素养，增强职业自信心。

 知识测评

资料：招展策划
知识测评

项目 6　　招商策划

知识框架

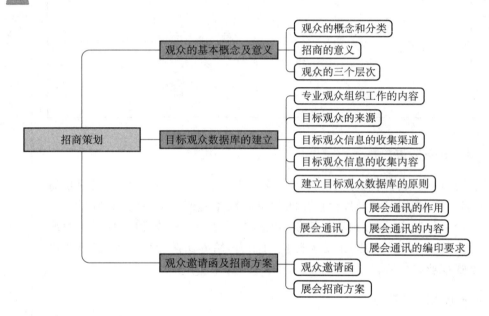

教学重点

招展与招商的意义；目标观众数据库建立的原则与方法；招商方案的编写；观众邀请函的制作。

教学难点

目标观众数据库；招商方案；观众邀请函。

学习情境描述

第 22 届义博会全方位开展招商服务工作

本届义博会大力整合媒体、户外广告、微信公众平台、对口展会等载体，开展大范围、多渠道的宣传推广。运用行业内领先的 CRM、CALLCENTER 系统，整理并激活历届义博会采购商数据库,通过数据营销、直邮信函、信息呼叫等形式大力招引潜在采购商,特别对"一带一路"沿线国家和历届展会采购量位居前三位的国家进行重点宣传推介。

积极拓展采购商团队,结合中国零售百货(义乌)采购峰会,与中商联和IBMG合作,引进全国超市连锁和小商品配送采购群体与会,努力扩大和提升内贸采购商队伍数量和质量。创新渠道,邀请境外高质量采购商,与PRNWESWIRE、EP、Businesswire、VISAFIRST等行业内领先的境外服务机构合作,展会宣传辐射上千家境外网络媒体,并开通高质量采购商邀请通道,一对一邀请境外重要商超买家赴会。与此同时,本届义博会向100多个境外驻华商务机构、使领馆寄送展会资料并与义乌本地重点商贸流通企业合作,以海外商务代表的身份联动推介义乌市场以及义博会,积极拓展采购团队招引渠道。目前共确定境外大型采购商团队、国内重点商超、上海进出口商会大型团队30余个,采购商质量普遍提高。

线上线下服务进一步整合。本届义博会微站开发线上贸易配对平台,采购商在参展前即可了解参展商详细信息,进行线上预约配对,同时完善匹配信息,贸易需求更完善、更专业、更精准。目前义博会采购对接会共设日用品专场、五金用品专场、宠物用品专场、时尚帽业、汽摩配用品等六大行业专场,并积极引入大型商超、兰亭集势、敦煌网、京东大型采购说明会。

增值服务项目不断扩展。本届义博会引入宁波大道集团信保业务体系,植入贸易金融服务;定制义博会专用采购信用卡,吸引海外买家下单采购,为买家提供资金保障;同时为参展商规避贸易风险,缓解备货生产资金压力。联手思兔宝在线翻译软件,提供展会期间语言服务;与滴滴打车合作,开通义博会期间展馆出行优惠;与义乌本地35家品牌酒店签订合作协议,通过博览会预订客房享受特殊优惠。

(资料来源:https://zj.zjol.com.cn/news.html?id=449109.)

上述信息显示了一个展会举办前所采取的招商措施。组织好观众是一个展会项目能够成功举办的关键前提。

学习目标

知识目标

(1) 掌握观众的一般概念。
(2) 掌握如何进行目标参展商信息的收集。
(3) 掌握目标参展商数据库的建立原则。
(4) 掌握观众邀请函的内容及招商方案的写法。

能力目标

(1) 能够根据工作的实际需求,收集目标观众的信息,建立目标观众数据库。
(2) 能综合、运用、撰写设计展会通讯、观众邀请函。

笔记

(3) 能够根据实际需要制定展会观众邀请工作的策略、撰写招商方案。

素质目标

(1) 招商策划应具有关注民生、社会担当、助力行业、经世济民、胸怀天下的家国情怀。

(2) 培养会展职业所需的尽职、敬业、勤勉、负责、合作、匠心的职业素养;具有良好的信息素养,能有效利用网络资源查找案例、目标观众信息及完成其他任务所需的有效信息;能将查找到的信息有效转换到工作中。

(3) 养成会展策划师和会展职业经理人应具备的吃苦耐劳、恪守信用、讲求效率、尊重规律、崇尚卓越的职业态度;招商策划时具有为参展商邀请买家的服务意识和邀请高质量观众、打造一流展会的职业自信;展会通讯、观众邀请函的编制具有美学素养。

(4) 招商策划时努力提升行业专业知识;邀请观众过程中具有创新创意思维、商业模式思维、系统思维以及成本意识、效益意识、分工合作意识、时间和效率意识。

(5) 建立目标观众数据库、完成招商项目任务时具有分工合作、团结一心的团队精神;能够倾听、团队合作、分享,与教师、同学之间能够相互尊重、理解;与教师、同学之间能够保证多向、丰富适宜的信息交流。

(6) 养成自主学习、自我培养、自我认知和自信的性格与品质;探究学习、自主学习不流于形式,处理好合作学习和独立思考的关系,做到有效学习。

任务 6.1 观众的基本概念及意义

引导问题 1:展会的成功举办,除了需要优质的参展人员,还需要优质的观众,这里的观众指的是什么呢?

_____
_____
_____

6.1.1 观众的概念和分类

展会招商是指展会通过各种方法和渠道邀请观众到展会参观。拥有一定数量和质量的观众是许多展会所追求的方向,也是展会成功举办的重要标志。为了使展会办得成功,展会会千方百计邀请尽量多的目标观众到会参观。根据观众的专业性和有效性,可以对观众进行不同的分类。

1. 专业观众和普通观众

一般来说,按观众的专业性分类,展会招商所邀请的观众可分为专业观众和普通观众。

专业观众是指从事展会上所展示的某类展品或服务的设计、开发、生产、销售或服务的专业人士以及该产品的用户。

普通观众是指除专业观众以外的其他观众。

如果不是展会有意控制,一个展会往往是既有专业观众到会参观,也有普通观众到会参观。有些展览会对观众的要求比较严格,如广交会只邀请专业观众参加,不允许普通观众入场。

对于专业观众的界定有不同的标准。严格的观众界定是专业观众数据库建立的基础,德国在展览观众的定义及展览统计方面有一套相当成熟的做法。德国展览统计数据自愿控制组织(FKM)只将有兴趣和展商建立商业关系的人算作观众,并明确规定:凡购票入场或是在观众登记处登记了姓名和联系地址的人才被称为观众,记者、参展商、馆内服务人员和没有登记的嘉宾不在观众之列。这个行规在欧洲普遍通用。但在美国,参展公司的工作人员和其他团体被称为"展览参与者",也计算在观众数量中。

2. 有效观众和无效观众

按观众对展会是否有效,展会所吸引的观众可分为有效观众和无效观众。

有效观众是指到会参观的专业观众或参展商所期望的其他观众,这是具有一定质量的观众,对展会来说是不可或缺的。

无效观众是指参展商所不期望的观众,这些观众对参展商来说意义不大。

对办展机构而言,要尽可能多地邀请目标观众。所谓目标观众就是指专业观众和有效观众。这些观众可能是展会展览题材所在行业的人士,也可能是与该题材所在行业有关联的行业人士。目标观众是展会招商主要的目标客户,所以展会招商实际上就是寻找目标观众,让目标观众前来观展,以达到展会的目的。

引导问题2:了解了什么是展会的招商即招揽观众,那么招商对展会究竟有何意义呢?

_____
_____
_____
_____

6.1.2 招商的意义

招商即招揽观众对展会有着重要作用,其意义主要体现在以下几个方面。

(1)增强展会效果。参展商参展的目的很多,如开拓新市场、结识新客户、树立品牌形象等。但不管参展商的主要目标是什么,他们都期待专业买家到展台来参观和洽谈。而更多高品质买家的参与可以提升展会的整体效果,同

笔记

笔记

时调动参展商的积极性,使展会处在一个平稳、持续发展的状态。

(2)提升专业服务水平。服务是展会的灵魂。为调动参展商的参展热情,组展方总是想方设法为参展商提供最优质的服务。从展会运作的本质来看,邀请尽量多的专业买家到场参展,才是组展方为参展商提供优质服务的体现。这项服务与其他服务的最大区别就在于它直接关系到参展商的利益,可以说这是组展方的核心服务。

(3)奠定品牌基础。拥有一定数量和质量的专业买家是一个展会成为品牌展会的前提和基础。一个展会即使参展商再多、参展企业的名气再大,如果没有足够多的专业买家,也很难成为品牌大展。

招展和招商是展览行业两个重要的组成部分,是展览会发展的两翼,二者相互吸引、相互影响、缺一不可。只有招到足够的符合展会要求的展商和客商,展会才能生存;只有招到高层次的展商和客商,才能办出高品位的展会。可以说参展商是展会存在的基础,而观众是展会发展的重要条件,一定数量和质量的有效观众是"品牌展"的重要标志。

在展会服务中,展会观众的邀请工作至关重要,它关系到展会的生命力,决定着展会的成败。招展决定着展会能否举办,而招商决定着展会能否圆满成功,因此从某种意义上说招商比招展更为重要。然而,展会不仅需要参观者,更需要一定数量和质量的专业参观者,专业观众的数量与质量直接影响着参展商的参展效益,决定着下届展会参展客户的回头率和各项工作能否走向良性循环,同时也是展会主承办单位服务质量的重要体现,因此在观众邀请过程中要把服务意识和客户意识放在首位,尽最大努力邀请数量多、质量高的观众,发挥追求卓越的精神,提升展会品质。

❓ **引导问题3**:观众邀请的意义如此重大,那么应该邀请什么样的观众呢?

_____

_____

_____

6.1.3 观众的三个层次

可以将参观的观众分为三个层次,即决策层、经办层和潜在层,在招商工作中要瞄准决策层、留住经办层、争取潜在层,从而更好地邀请和组织专业观众,即贸易观众。

资料:观众的三个层次

微课:观众的基本概念及意义

任务 6.2　目标观众数据库的建立

引导问题 4：了解了招商工作的理论基础,那么我们该如何有效开展招商工作呢?

_____

_____

_____

微课:目标观众
数据库的建立

6.2.1　专业观众组织工作的内容

如果把一个展会分为三个阶段,即展前、展中和展后,那么在展前对专业观众的组织内容来说,主要是制订专业观众组织计划、收集有效信息、建立目标观众数据库、分析目标观众、确定最佳手段来实施专业观众组织计划;在展会进行中,主要是现场专业观众的接待和组织,包括交通服务、餐饮服务、咨询和现场观众服务以及管理工作,同时还有现场观众的安全卫生保障等事宜,让观众有较好的观展体验;在展会闭幕之后,要对观众数据进行统计、分析,更新数据库,寄发感谢信和挖掘潜在的参展商。这些都是专业观众组织工作的内容。

引导问题 5：目标观众的来源是什么?

_____

_____

_____

6.2.2　目标观众的来源

目标观众是展会招商的主要客户范围。展会招商是在了解所在行业观众的基本数量、需求特征和分布状况的前提下进行的。一般来说,目标观众的范围比目标参展商的范围要广,涉及的行业要多。

目标观众的来源可以从产业供应链来分析。从产业供应链上来看,目标观众的来源包括原料的供应商、生产商、经销商和批发商、零售商以及终端客户这个产业链上各个环节所在的企业负责人及其相关从业人员。

引导问题 6：明晰了目标观众的来源后,应如何收集目标观众的信息?

_____

_____

_____

笔记

6.2.3 目标观众信息的收集渠道

收集目标观众信息和收集目标参展商信息相似,可以通过以下渠道进行。

(1) 通过行业企业名录收集。使用时要注意,不局限于展览题材所在的行业,还要收集相关行业的信息。

(2) 通过商会和行业协会收集。商会和行业协会包括展览题材所在行业以及相关行业的商会或者协会。

(3) 通过政府主管部门收集。

(4) 通过专业报纸和杂志收集。专业报纸和杂志包括展览题材所在行业的专业报纸和杂志以及其他相关行业的专业报纸和杂志。

(5) 通过同类展会收集。

(6) 通过外国驻华机构收集。

(7) 通过各种专业网站收集。

(8) 通过自办网站收集。主办单位除了与国内外众多专业网站进行合作宣传所办展会,还应致力于建设一流的自办展会门户网站,使网站能成为主办单位与参展商和海内外观众交流沟通的平台。

(9) 通过各地的电话黄页收集。

? 引导问题7:明晰了目标观众的来源和收集渠道后,应注意收集目标观众的哪些信息?

_____
_____
_____
_____

6.2.4 目标观众信息的收集内容

目标观众信息的收集,除了包括目标观众的名称、地址、联系电话、传真、电子邮箱和网址等基本信息,还包括目标观众的职务、年龄、个性特点、购买影响力等,同时还要注意收集目标观众的产品需求倾向。

收集到上述信息后,和建立目标参展商数据库一样,做好分类、确立基本的字段、选择合适的软件系统,就可以着手建立目标观众数据库了。

? 引导问题8:建立目标观众数据库该遵循哪些原则?

_____
_____
_____
_____

6.2.5 建立目标观众数据库的原则

建立目标观众数据库要遵循一些基本原则,具体如下。

(1) 数据库要有一定的数据量,以保证招商时有一定的目标客户来源。
(2) 分类要科学合理,便于查找和检索。
(3) 数据真实可靠。
(4) 及时更新与修改。
(5) 对数据库信息的修改要有一定的权限。
(6) 目标参展商数据库与目标观众数据库之间应建立一定的联系,可以供观众和参展商互相转化。

此外,数据库的用户界面要友好、简洁、一目了然。数据库要适合在局域网内使用,支持多用户同时使用。

目标观众的数量不是一成不变的,目标观众还是展会潜在参展商的重要来源。有些人在这一届展会可能是观众,下一届展会就可能是参展商,当展会越办越好时,这种转变就尤为明显。因此,目标观众数据库既是展会招商时目标观众的重要来源,也是展会招展时目标参展商的潜在来源。在建立目标观众数据库时,要充分考虑这种转变,不要将目标观众数据库和目标参展商数据库截然分开,要让两者保持某种联系,以便对它们加以充分利用。

任务 6.3　观众邀请函及招商方案

引导问题 9:专业观众数据库建立好后,我们可以通过展会通讯、观众邀请函等方式向目标客户发出邀请,什么是展会通讯呢?

_____
_____
_____

6.3.1　展会通讯

在展会的筹备阶段,目标参展商和目标观众往往想要了解展会的筹备进展情况。例如,目标参展商希望了解展会将邀请什么样的专业观众到场,展会的目标观众则希望知道哪些企业带着什么样的产品来参展,他们对这些信息的了解将在很大程度上影响他们是否参展或者参观。如果上述信息不能及时传递到他们那里,展会可能因此失去大批客户。因此可以制作展会通讯将上述信息及时准确地传递给目标参展商和目标观众。

展会通讯又叫展会快报、展会特刊,是根据展会的实际需要编写的用来向目标客户通报展会有关情况的一种宣传资料,通常是一本小册子或者是一份报纸。展会通常以直接邮寄或发送电子邮件的方式及时传递给目标客户,即展会的目标参展商和目标观众。

笔记

❓ **引导问题10**：展会通讯有什么作用？为什么要制作和发送展会通讯？

_____
_____
_____
_____

1. 展会通讯的作用

展会通讯的邮寄或发送有赖目标观众数据库和目标参展商数据库的建立和完善，如果没有这两个数据库，展会通讯的邮寄发送就会遇到困难。展会之所以要及时编制和发放展会通讯，是因为展会通讯有以下几个方面的作用。

（1）可以及时准确地向展会的目标客户传递展会的有关信息，与目标客户保持经常的联络和沟通。

（2）可以扩大展会宣传推广范围和渠道，建立良好的展会形象。展会通讯一般通过直接邮寄或电子邮件的方式传递给目标客户，针对性强，有效率极高，宣传效果明显。

（3）可以促进展会招展。展会通讯里有关当地市场和展会招商内容的通报，往往能对企业参展产生积极的作用；对已经参展的行业知名企业的通报，则能对其他企业参展产生积极的示范作用。

（4）可以促进展会招商。通过展会通讯及时告诉展会的目标观众有哪些企业已经参展、展会将展示哪些产品、有哪些新产品将在展会上亮相，这对吸引观众到会参观有较大的帮助。

（5）可以为展会目标客户提供良好的信息服务。展会通讯不仅包括展会的有关情况，还包括展会展览题材、所在行业的国内外市场信息和行业动态。要切实发挥上述作用，展会通讯就必须包含较为实用和丰富的内容，否则展会通讯就会流于形式，不会受到展会目标客户的欢迎，也起不到应有的作用。

❓ **引导问题11**：展会通讯需要提供哪些内容？

_____
_____
_____
_____

2. 展会通讯的内容

通常展会通讯包含以下几个方面的内容。

（1）展会的基本内容，包括展会的名称、举办时间、地点、办展单位、展会标识、展会特点和优势、上届展会的总结和展览现场的有关图片等。

（2）市场信息和行业动态，即本展会展览题材、所在行业、国内外市场状况、行业动态和发展趋势等。

（3）招展的情况通报，除了通报所有参展企业名单，一般还会将一些行业知名企业的参展情况重点通报。

（4）招商的情况通报，包括招商的渠道、招商宣传推广、招商措施和招商效果等。

（5）宣传推广的情况通报，包括各种宣传推广渠道、办法和时间安排，以增强客户参展和观众参观的信心。

（6）相关活动的情况通报，告诉目标客户展会期间将举办哪些相关活动。

（7）参观回执表，内容包括申请人的单位名称、地址、联系人、联系方式、参展或者是感兴趣的产品以及办展单位的联系方式和联系人等。

展会通讯一般是根据展会进度的实际需要分期编印的。展会通讯的编印具有一定的阶段性，并不是每一期的展会通讯都包含上述内容。在展会筹备初期，展会通讯要偏重招展信息的介绍；在展会筹备中后期，展会通讯要偏重能促进展会招商的有关信息；在展会已经成功举办并开始筹办下一届展会时，展会通讯里就必须包含对上一届展会的总结内容。

引导问题 12：展会通讯编印时有哪些要求？

_____

_____

_____

3. 展会通讯的编印要求

展会通讯通过直接邮寄或电子邮件发送给目标客户，并对他们是否参展或参观的决策产生影响，因此必须促使客户在拿到展会通讯时愿意看、能够看，否则展会通讯即使到了客户手中，也起不到任何作用。因此，在编印展会通讯时要注意以下几个方面的要求。

（1）具有知识性、时尚性和趣味性。尽管展会通讯是为展会服务的，但展会通讯的内容不能局限于有关展会的信息上，还要及时传递相关行业的动态和市场方面的信息，使客户接收行业动态和市场信息的时候及时了解展会。另外，展会通讯的内容要富有趣味性。

（2）美观大方。展会通讯的制作要符合展会的定位和档次，设计要赏心悦目、美观大方，要便于邮寄和发送，文字和编排要便于阅读。

（3）内容短小精悍，信息真实可靠。展会通讯里各种文章要简洁流畅、短小精悍，所传递的信息要经得起推敲，做到真实可靠。

引导问题 13：除了展会通讯，还可以向目标观众发放观众邀请函，邀请其参加展会。观众邀请函应如何制作？

_____

_____

_____

6.3.2 观众邀请函

观众邀请函是办展机构根据展会的情况编写的、用来进行展会招商的一

笔记

种宣传单。一般在展会开幕前一个月左右开始发放邮寄观众邀请函,寄送给国外观众的话,要提前3个月到半年邮寄。一般而言,观众邀请函包含以下内容。

(1) 展会概况,包括展会名称和标志、展会的举办时间和地点、办展机构、参展邀请、办展起因和办展目标(展览宗旨)、展会特色、展品范围、办展所在地的环境介绍等。

(2) 上届办展情况总结。

(3) 展会招展情况。办展方要在观众邀请函中详细说明展出的主要展品、展会的招展情况,如有些知名企业已经确定参展,可将这部分企业列举出来进行宣传。

(4) 展会相关配套服务。办展方还需要在邀请函中提供一些相关的配套服务,如酒店预订、行程路线、观众预登记等相关服务。此外,还可以将相关图片材料,如办展城市区位图、周边地区交通图、展馆实景图、展馆平面图、展位分布图、展会现场图片等放到邀请函中。

(5) 展会相关配套活动。相关配套活动主要有专题论坛、研讨会、信息发布会或演讲等,举办此类活动以增加观众观展的兴趣。

引导问题14:为保障招商工作顺利进行,我们一般会提前制订完整的招商方案,展会招商方案该如何制订呢?

_____

_____

_____

6.3.3 展会招商方案

招商方案是在展会招商和宣传推广策划的基础上,为展会邀请观众而制订的具体执行方案。展会招商方案的基本内容如下。

(1) 展会展品主要消费市场的地域分布情况和需求状况。

(2) 展览题材所在行业及其相关产业在全国的分布状况。

(3) 相关产业在各地的发展状况。

(4) 各有关产业的企业结构及其分布情况,这是招商的基本依据。

(5) 招商分工。主要涉及的内容包括:①各招展、招商单位共同遵守的招商原则;②划定各单位的招商区域或行业及重点目标观众的划分;③招商费用预算和支付办法;④对重点目标观众的邀请和接待的安排;⑤要有一个主要的负责单位,同时要考虑到各单位的长处。

(6) 招商内部人员分工。无论是多家招商单位合作,还是一家办展机构主办的展会招商分工,都会涉及内部人员分工问题,内部人员分工包括以下几个方面:第一,确定招商人员名单;第二,明确各招商人员负责的地区、范围和重点目标市场;第三,确定信息沟通和工作协调办法;第四,对重点目标观众要有统一的接待安排计划。

（7）招商渠道。招商主要有以下几个渠道：①通过专业媒体、大众媒体进行投放，或者是利用行业协会及其商会的强大号召力来进行招商；②通过国内外同类展会进行现场推广；③参展企业自带客户；④通过网络招商；⑤利用其他展会主办合作，或利用国际组织以及招商代理等。

（8）招商的宣传推广计划。主要包括宣传推广方式、宣传推广的时间及节奏、重点推广时段和推广地点。

（9）招商的预算。招商的预算主要包括人员费用、宣传推广费用、招商代理费用、公关费用以及其他的费用。

（10）招商进度计划。招商进度计划可以通过表格的形式来体现，在何种时间段采取何种招商措施，有无相应的宣传推广支持计划，或在这一阶段应该达到或计划达到的招商效果等。

微课：观众邀请函及招商方案

任务目的

通过制作观众邀请函与展会招商方案，为展会招商工作奠定基础，同时通过观众邀请函与展会招商方案的设计与撰写，锻炼实际应用能力，提升职业素养，增强职业自信心。

任务名称

撰写展会招商方案和目标观众邀请函。

任务分组

班级		小组名称		指导教师	
组长		学号		分工	
成员		学号		分工	
成员		学号		分工	
成员		学号		分工	
成员		学号		分工	
成员		学号		分工	

任务实施

1. 任务要求

（1）分组，每组 3～5 人。

（2）以小组的形式完成目标观众的来源及目标观众数据库建设，并通过收集及参考相关目标观众邀请函及招商方案，根据设定情景自行编撰适合的小组展会的目标观众邀请函和招商方案。

（3）小组讨论交流后与教师讨论，确定本小组目标观众邀请函及展会招商方案。

笔记

2. 完成步骤

（1）分组，确定组长、成员。

（2）根据展会确定其目标观众的来源，并建立目标观众数据库。

（3）在组内讨论目标观众邀请函的内容及制作设计思路。

（4）组内讨论展会招商方案的内容及设计形式。

（5）完成小组目标观众邀请函及招商方案设计。

任务评价

小组自评、小组互评与教师评价相结合。自我评价占10%，小组成员组内互评占10%，小组互评占10%，教师评价占70%。任务评价表如表6-1所示。

表6-1 任务评价表

班级		组名		日期			
评价点	评 价 要 素	分值	自我评价	组内互评	组间互评	教师评价	总评
能力目标1	能够根据工作的实际需求，收集目标观众的信息，建立目标观众数据库	20					
能力目标2	能综合运用撰写设计展会通讯、观众邀请函	15					
能力目标3	能够根据实际需要制定展会观众邀请工作的策略，撰写招商方案	25					
素质目标1	招商策划时具备关注民生、社会担当、助力行业、经世济民、胸怀天下的家国情怀	7					
素质目标2	有职业素养，且具有良好的信息素养，可将查找到的信息有效转换到工作中	7					
素质目标3	吃苦耐劳、恪守信用、讲求效率、尊重规律、崇尚卓越的职业态度；招商策划时具有为参展商邀请买家的服务意识和邀请高质量观众、打造一流展会的职业自信；展会通讯、观众邀请函编制具有美学素养	7					
素质目标4	招商策划时努力提升行业专业知识；邀请观众过程中具有创新创意思维、商业模式思维、系统思维以及成本意识、效益意识、分工合作意识、时间和效率意识	7					

续表

评价点	评价要素	分值	自我评价	组内互评	组间互评	教师评价	总评
素质目标5	建立目标观众数据库、完成招商项目任务时具有分工合作、团结一心的团队精神;能够倾听、团队合作、分享,与教师、同学之间相互尊重、理解;与教师、同学之间能够保证多向、丰富适宜的信息交流	6					
素质目标6	养成自主学习、自我培养、自我认知和自信的性格与品质;探究学习、自主学习不流于形式,处理好合作学习和独立思考的关系,做到有效学习	6					
	总分	100					
有益经验							
总结反思							

 任务拓展

通过现场观摩、资料查阅、调查访问等对某个展会的观众进行来源和结构分析。

 项目小结

本项目通过对选定的会展项目招商策划知识的学习,掌握观众的概念和分类、招商的意义、目标观众数据库的建立、展会通讯等相关知识,并运用到展会招商策划方案中,同时能撰写观众邀请函,锻炼实际应用能力,培养团队合作精神,提升职业素养,增强职业自信心。

知识测评

资料:招商策划
知识测评

笔记

项目 7　展会同期会议及活动策划

知识框架

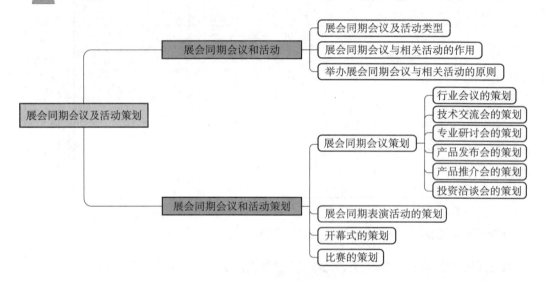

教学重点

展会同期会议和活动类别；展会同期会议和活动的策划。

教学难点

展会同期会议及活动；展会同期会议及活动策划流程；展会同期会议及活动策划内容。

学习情境描述

第十八届广州国际汽车展览会

2020年11月20日至29日，第十八届广州国际汽车展览会在中国进出口商品交易会琶洲展馆盛大举办。该展会以"新科技、新生活"为主题理念，旨在为汽车行业提供高品质的展览体验平台，向世界展示新世代智能汽车新生活。事实上，作为当年全球唯一如期举办的国际A级车展，这场为期10天的高规格展会吸引了76.2万人次的观众，在社会各界的支持下取得了多方面的成功。展会同期举行了超过 20 个大大小小与车展相关的活动,部分活动信息如表 7-1 所示。

表 7-1　部分车展活动信息

地址	日期	会议名称	主办方
广交会展馆 B 区 8 号会议室	11 月 20 日 13:30—16:50	2020 广州国际车展高峰论坛	主办单位:中国国际贸易促进委员会汽车行业分会 联合主办:OPPO 承办单位:驾趣科技 支持单位:广州车展组委会
广交会展馆 B 区 13.2 号馆	11 月 20 日 11:30—12:00	2021 中国年度卡车(CTOY)评测结果发布暨颁奖典礼	主办单位:商用汽车杂志社 支持单位:中国国际贸易促进委员会汽车行业分会(CCPIT-AUTO)
广州星河湾酒店国际会议中心	11 月 21 日 08:30—12:00	2020 中国商用车新生态高峰论坛	指导单位:中国国际贸易促进委员会汽车行业分会(CCPIT-AUTO) 主办单位:汽车观察传媒 广州国际商用车展组委会 承办单位:商用汽车观察
广州星河湾酒店国际会议中心	11 月 20 日 14:30—20:00	2020 物流与运输车辆高峰论坛 运输人影响力 2020 年度评选颁奖	主办单位:中国国际贸易促进委员会汽车行业分会(CCPIT-AUTO) 协办单位:广东省城际运输服务协会 上海新势盛誉会展服务有限公司 特别支持单位:中集车辆(集团)股份有限公司
广交会展馆 B 区 12.2 号馆	11 月 20 日 14:30—17:00	第五届中国冷库与冷藏车论坛 第 47 届中国冷链物流万里行会议	指导单位:中国国际贸易促进委员会汽车行业分会(CCPIT-AUTO) 主办单位:中关村绿色冷链物流产业联盟 联合主办单位:中国制冷空调工业协会冷链物流分会
广交会展馆 B 区 9.2 号馆	11 月 20 日 15:30—16:30	广州国际车展改装设计沙龙暨广汽设计大赛作品展	主办单位:广州国际改装车展、广东城市电台联盟、广州展联承办单位:《超级无敌汽车人》栏目组,广州壹森广告有限公司 支持单位:广东时利和汽车实业集团有限公司
广州	11 月 18—21 日	新浪读城#这就是广州车展#	新浪汽车、微博

(资料来源:http://gz.bendibao.com/tour/20201119/ly281467.shtml.)

上述信息详细显示了展会举办时组织的同期相关活动,包括以技术交流及行业发展为主题的高峰论坛、颁奖典礼、国际汽车改装设计沙龙、新浪读城等。展会不再是单一的展示活动。随着我国经济发展规模的逐步扩大,现代会展业逐步呈现出两个鲜明的发展趋势,其一为展会与会议并重,即为了实现

笔记

多方主体的目标和意愿,在展览期间举办一系列相关主题的会议活动;其二为会展与娱乐、休闲活动相交融,在会展期间举办各色活动已逐渐成为会展的一部分,会议活动也成为众多展会不可分割的组成部分。一项成功的展会不仅需要有一定行业知名度的企业参展,有一定数量的观众观展,还需要安排组织合理的会议和相关文娱活动。事实上,展会同期开展的会议与活动在不同程度上吸引了更多的参展商和观众前来。

请针对某个展会做一份同期会议与相关活动策划,即确定会议与活动的类别、主题、议题、计划邀请的嘉宾、会议议程、举办地点、观看和参与办法等。

学习目标

知识目标

(1) 理解展会期间举办会议和活动的原则,掌握展会期间常见的会议和活动类型。
(2) 掌握开幕式、同期会议及其他相关活动的策划步骤与注意事项。

能力目标

(1) 能够根据工作中的实际需求选择展会期间的会议和活动类型。
(2) 能够根据展会实际需求策划适合的相关活动。

素质目标

(1) 相关活动策划应具有关注民生、社会担当、助力行业、经世济民、胸怀天下的家国情怀,准确把握行业发展热点、痛点,有国际视野,为相关活动设计符合社会需求和行业发展的主题和内容。
(2) 培养会展职业所需的尽职、敬业、勤勉、负责、合作、匠心的职业素养;具有良好的信息素养和劳动精神,活动管理兢兢业业、一丝不苟、注重细节,有劳模精神。
(3) 养成会展策划师和会展职业经理人应具备的吃苦耐劳、恪守信用、讲求效率、尊重规律、崇尚卓越的职业态度;相关活动策划和管理过程具有为参展商和观众服务的意识,做出高质量活动,打造一流展会的职业自信;利用线上展会新技术、新动态等获得进一步发展的能力。
(4) 相关活动策划过程中具有创新创意思维、商业模式思维、系统思维以及成本意识、效益意识、时间和效率意识。
(5) 完成相关活动设计时具有分工合作、团结一心的团队精神;能够倾听、沟通、合作、分享,与教师、同学之间相互尊重、理解;与教师、同学之间能够保证多向、丰富适宜的信息交流。
(6) 养成自主学习、自我培养、自我认知和自信的性格与品质。

任务 7.1　展会同期会议和活动

❓ **引导问题 1**：你知道展会期间常见的会议和相关活动有哪些类别吗？

_____
_____
_____

7.1.1　展会同期会议及活动类型

展会同期会议及活动类型主要有会议、表演、比赛以及其他相关活动。

1. 会议

近年来,"以会促展,以展带会"的模式让展会与会议的结合更加紧密。在展会举办期间,往往会同时举办相关主题会议,用来交流行业内的最新信息与前沿动态,传播新兴技术,向大众介绍新项目以及交流产业内发展的新理念、新思维等。同时会议的举办也能够提升展会的学术性和专业性,丰富展会的整体内涵和影响力。

会议的主要类型包括行业会议、技术交流会、专业研讨会、产品发布会、产品推介会以及投资洽谈会等。

微课：展会同期会议及活动类型

2. 表演

展会进行时,也会举行与展会主题相关的表演活动,主要有以下几类。

（1）以活跃现场气氛和扩大展会影响力为主要目的文艺表演,如开幕式、闭幕式、文艺演出等。

（2）以促进企业与品牌树立行业形象为主要目的营销性活动,如参展商举办的某些表演活动等。

（3）以行业惯例为主要指导方向的程序性表演,如国际包装展会上各类前沿科技助力下的包装机器人专业表演等。

3. 比赛

开展期间,人员大量聚集,开展相关主题的比赛不仅能够活跃展会气氛,也能在相关行业与社会上产生较为深远的影响。比赛的类型有以大众观赏性为主的比赛、以行业为特征的专业性比赛和评奖活动等。

4. 其他相关活动

除了上述活动,展会同期举办的有群众参与性活动、投资项目招商洽谈和项目招标洽谈等活动。

笔记

引导问题 2：展会期间为何要举办相关会议与活动？你知道展会期间举办相关会议与活动有哪些作用吗？

7.1.2 展会同期会议与相关活动的作用

资料：展会同期会议与相关活动的作用

展会同期会议与相关活动的作用主要包括丰富展会的信息功能、扩展展会的展示功能、强化展会的发布功能、延伸展会的贸易功能、吸引更多的潜在参展商和专业观众、提升展会的档次、活跃展会的现场气氛等。

引导问题 3：要想举办成功展会同期会议和活动，应遵从哪些原则？

7.1.3 举办展会同期会议与相关活动的原则

举办展会同期会议与相关活动需要遵从以下几个原则。

1. 主题与形式要符合展会的需要

会议和相关活动的举办是为展会服务的，因此在选择会议主题和形式时应围绕展会的需求展开，展会与相关会议、活动形成合力，共同实现一定的经济效益与社会效益。

2. 要能进一步丰富和完善展会的基本功能

会议和相关活动的开展应作为展会的一种形式和内容上的补充，要通过不同的主题和组织形式，丰富和完善展会的贸易、展示、信息交流和传播功能。

3. 要有助于展会吸引更多的潜在企业参展和观众参观

展会同期开展的会议和活动，除了在主题和形式上要符合展会需求，丰富和完善展会基础性功能、与展会融为一体，还应立足于吸引更多的潜在企业和观众前来参加展会这一重要原则，在此基础上设计和策划相关会议与活动。

4. 要有助于活跃展会现场气氛，但不影响企业展出和观众参观

展会同期会议和活动应策划合理、可行性强且与展会相辅相成，既要有助于活跃展会现场气氛，也不能喧宾夺主，影响参展商和观众的体验，只有这样才能产生良好的效果。

5. 会议和活动要能产生较好的效果

虽然同期会议和活动是围绕展会主题和需求展开的,但会议和活动并不是完全依附展会而存在的信息交流形式,其本身应能独立产生较好的经济效益和社会效益,这样才能更好地助力展会的开展与影响力的打造。

任务 7.2　展会同期会议和活动策划

❓ **引导问题 4**:如何策划展会同期会议和活动?

微课:展会相关活动及其策划

7.2.1　展会同期会议策划

一般来说,会议策划主要包括收集市场信息、确定会议主题、准备会议方案、邀请会议主讲人、会议召开、会议评估总结、会议危机管理方案、会议经费与赞助等几个方面。

对展览同期会议来说,可以策划的会议主要有行业会议、技术交流会、专业研讨会、产品发布会、产品推介会以及投资洽谈会等。

资料:展会同期会议策划

❓ **引导问题 5**:展会同期行业会议应如何策划?

1. 行业会议的策划

行业会议是由行业协会或政府主管部门组织举办、行业协会会员或该行业有关企业参加的会议。行业会议的主办者一般在该行业有较大的发言权和较强的号召力,会议的参加者一般是该行业中比较有影响力的企业,会议的影响力较大。

资料:行业会议的策划

行业会议的议题一般极富行业特征和代表性,能针对行业发展中遇到的新情况和新问题展开研讨,能就某一问题组织行业大讨论。行业会议讨论的内容有时候不仅是学术性的,还带有政策指导倾向,会被有关部门作为制定解决某些问题的政策依据。

❓ **引导问题 6**:展会同期技术交流会应如何策划?

笔记

2. 技术交流会的策划

技术交流会是以技术的交流和传播为主要内容的会议。技术交流会的策划基本遵循一般会议的策划流程，但也有一些特别之处。

(1) 确定会议主题。技术交流会侧重收集其所在行业的技术发展状况和发展趋势，了解该行业的实用技术发展情况。会议要多与该行业内的著名企业尤其是技术领先的企业联系，或者是与专业的科研机构沟通，以确定技术交流会需要包括哪些技术。会议主题要与技术问题密切相联，要务实，尤其是会议的议题，既要反映技术方面的探讨，也要通俗易懂，能被一般人理解。

(2) 准备会议方案。在准备会议方案阶段要注意会议时间的安排、会议议程的确定和会议资料的准备工作。技术交流会是关于技术话题的探讨，因此很多演讲需要伴有现场演示，这就要求会议的议题时间安排要合理，要考虑到演示环节的需要。同时技术交流会的资料比较复杂，要细心准备。

(3) 邀请会议主讲人。主讲人最好有一定的技术背景和经历，要能回答听众关于该技术议题的一些问题。如果会议需要现场翻译人员，要尽量让翻译人员事先熟悉该演讲所包含的一些专有名词，以保证翻译人员在现场能流利翻译。

(4) 会议召开。召开会议时要根据技术议题的要求对会议现场进行布置，要能够提供和维护会议所需的设备，要安排懂技术设备操作和维护的现场工作人员。如果会议主办机构不能提供这些设备和人员，可以要求演讲者提供。

(5) 会议预算和会议赞助。技术交流会通常是企业"唱主角"，因此，往往会向有关企业收取一定的费用作为会议经费。

❓ **引导问题7**：展会同期专业研讨会应如何策划？

_____

_____

3. 专业研讨会的策划

专业研讨会是以研讨行业发展动态为主要内容的会议。相较于技术交流会的"务实"，专业研讨会在内容上要"务虚"一些。专业研讨会的策划也基本遵循一般会议的策划流程。在举办专业研讨会时，要注意处理好以下几个问题。

(1) 会议议题。专业研讨会所讨论的议题往往偏重理论性，如行业发展的特点、行业未来的发展趋势、对行业发展进行总结、对行业热点问题进行研讨，以及对行业内企业的管理、营销等理念和思路做出富有前瞻性和启发性的研讨等。

（2）会议目标。举办专业研讨会最主要的目标是让听众开阔思路，开阔视野，加深对行业发展现状、发展特点和发展趋势的了解。

（3）会议主讲人。专业研讨会多涉及一些宏观性的话题，理论性较强，因为会议主讲人往往是一些科学研究机构、大专院校和专业杂志的有关专家，有时候也有来自企业的管理人员。

（4）会议听众。专业研讨会听众的范围很广，可以是企业的管理人员、技术人员、一般工作人员，也可以是科学研究机构、大专院校和专业杂志的有关人员。

（5）会议的复杂程度。由于设计的议题不同，会议的复杂程度也不一样。专业研讨会涉及的议题较为抽象，不需要太多的设备和演示。

❓ **引导问题8**：针对展会同期会议策划内容，技术交流会和专业研讨会有哪些相同和不同之处？

_____
_____
_____
_____

知识链接

技术交流会与专业研讨会的异同

技术交流会与专业研讨会存在相似之处，也有一些不同点，二者在策划上也有不同的侧重点。技术交流会与专业研讨会的组织形式、筹备过程、部分功能相似，但是会议主题、目标、主讲人、听众以及复杂程度不尽相同。

资料：技术交流会与专业研讨会的异同

❓ **引导问题9**：展会同期产品发布会应如何策划？

_____
_____
_____

4. 产品发布会的策划

产品发布会是以发布新产品或发布有关新产品的信息为主要内容的会议，产品发布会的真正主办者一般是企业，其新产品和信息的发布功能强大。和其他会议形式相比，产品发布会有以下特点。

（1）会议的目的是新产品或有关新产品的信息。产品发布会主要是为了推出新产品或发布有关新产品的信息，可能这些新产品已经能够正式推向市场，也可能是有关新产品的概念和信息，如汽车企业召开的概念车发布会、服装会议中发布的流行色等。产品发布会更多强调该产品"新"在哪里、有哪些技术进步,或者设计和款式上如何与众不同等。

（2）会议的最终目的是将产品推向市场。对产品发布会来说,无论会议的目的是新产品还是有关新产品的概念和信息,最终都是为了将产品更好地推向市场,只不过如果发布的是有关新产品的概念和信息,这种未完全成熟的产品还要经过市场的检验并改进成熟后才能推向市场。产品发布会有时候并不在乎产品是否能立即进入市场,在乎的是新产品的新闻效应以及消费者对新产品的反应,为此,产品发布会往往会安排新闻媒体进行采访报道。

（3）会议的形式类似新闻发布会。产品发布会具有新颖性和新闻价值,因此一般采用类似新闻发布会的形式。产品发布会一般是发布新产品,以引起市场对新产品的注意,很多时候产品发布会发布的是产品"概念",产品实物展示重在突出形象,因此,产品发布会对会议现场服务的要求较低,有时候甚至不需要现场服务,现场的各种事务基本可以由会议主办企业来完成。

（4）会议听众来源广泛。产品发布会的听众有新闻记者、产品设计等技术人员和企业管理人员,他们往往希望得到最新的产品信息和产品发展动态与趋势。

（5）注重新闻宣传。很多产品发布会发布的是一些刚刚推向或准备推向市场的新产品,为了扩大该产品的知名度和影响力,很多产品发布会会事先邀请一些新闻媒体对会议进行采访报道,因此在召开产品发布会时,要特别注意邀请有关新闻媒体参加,并为有关新闻媒体提供必要的安排和一定的服务。

（6）对会议平台的展示功能要求高。产品发布会发布的一般是新产品,发布新产品的企业对产品发布会一般也寄予厚望,因此产品发布会要注重会场环境的布置,对会议平台的展示功能要求也较高,有些特殊产品的发布更需要注意发布会现场的灯光、音响等布置情况。

 引导问题 10：展会同期产品推介会应如何策划？

_____
_____
_____
_____

5. 产品推介会的策划

产品推介会是以向特定的对象推广某一种或几种特定的产品为主要内容的会议。产品推介会的目的很明显,就是将产品更好地推向市场,因此产品推介会的产品展示和贸易功能很强。产品推介会的主办者一般是企业。和其他会议形式相比,产品推介会有以下特点。

（1）会议内容以推介产品为中心。产品推介会主要是为了向市场推介一种或几种产品,这些产品一般是可以正式在市场上出售的、可以大批量生产的商品,策划重点在于采取何种方式或手段来推介产品,如何才能让听众更了解本产品,因此会议的主要内容是介绍产品的用途、性能和结构等实用性较强的、与最终用户关系密切的内容,以求将产品尽快推向市场。

(2) 对会议平台的要求以实用为主。产品推介会更在乎产品的最终用户是否了解该产品,因此,产品推介会对会议平台的要求基本上以实用为主,对会议平台的设计和环境布置等的要求一般比产品发布会要低。产品推介会更多采用用户座谈、经销商会议等形式,并伴以现场演示、示范等向人们推广产品。产品推介会的听众更多是产品的经销商及其最终用户,他们更多想了解产品的实用性能和价格。

(3) 对会议相关服务的要求较多。产品推介会由于有较多的实物展示,有的还有实物操作演示与示范,有的还会邀请现场听众参与操作,因此现场服务事项较多,也需要相关人员的协助。

? 引导问题11:展会同期投资洽谈会应如何策划?

_____
_____
_____

6. 投资洽谈会的策划

投资洽谈会有时候也叫"投资项目招商洽谈会",主要是为了招商引资。投资洽谈会的主办者很多时候是有关政府部门。策划投资洽谈会要注意以下几个方面。

(1) 精选投资项目。投资项目是投资洽谈会的主角,它直接影响到投资方参与投资洽谈会的兴趣,也影响会议的成败。选择投资项目,既要结合引资地的实际需要,有一定的发展前景,又要符合潜在投资者的投资领域。

(2) 做好投资环境和相关政策说明。潜在投资者除了关心投资项目,对项目所在地的投资环境和相关政策也十分关注。投资洽谈会要做好这方面的说明和解释工作。

(3) 对投资方进行资质审定。要保证投资方的资质值得信赖,不会出现欺诈行为。

(4) 要在市场经济的原则下,由项目招商方和项目投资方进行洽谈,自愿签订合同。

? 引导问题12:如何策划展会同期表演活动?

_____
_____
_____

7.2.2 展会同期表演活动的策划

表演是一项观赏性比较强的公众性活动,一般观众较多,现场气氛也比较热烈。表演通常可以分为三种:一是文艺性表演活动,二是售销性表演活动,三是程序性表演活动。程序性表演活动往往已有一套大体成型的模式,如运动会的开幕表演和闭幕表演,它们常常与其他活动融为一体。

笔记

资料:展会同期表演活动的策划

❓ **引导问题 13**:展会同期开展的开幕式策划应包含哪些内容?

_____
_____
_____

7.2.3 开幕式的策划

展会一般以举行开幕式的形式来宣告开幕。开幕式是一项较为大型的活动,一般会有相关领导参加并伴有一些表演活动,涉及的层面较多,事务复杂,因此开幕式需要经过周密的部署和筹划。

1. 开幕时间和地点

展会开幕的时间和地点要提前做好安排并通知有关方面。展会开幕的时间一般不宜太早,太早不利于参展商进场准备和出席开幕式的嘉宾按时到场;展会开幕式持续的时间也不宜太长,太长会让等待进场参观的观众产生厌烦情绪。开幕式的地点一般安排在展会展馆前的广场,这样方便有关人员在开幕结束后入场参观。如果开幕式流程中安排了一些表演活动,要注意安排好表演的时间和地点,使表演和展会开幕式交相辉映、相得益彰。

2. 出席开幕式的主要嘉宾

展会一般会邀请一些行业主管部门官员、行业协会与商会的领导、外国驻华机构代表以及其他有关人员作为展会的嘉宾出席展会开幕式。对于这些嘉宾,展会要事先落实嘉宾名单并与他们多方沟通,告知展会开幕的准确时间和地点。一旦嘉宾出席开幕式,展会要派专人负责接待,引导签到。如果有必要,该接待人员还要懂外语并承担起翻译任务。另外,也要对开幕式嘉宾台上嘉宾的位置做好安排。

3. 开幕式讲话稿和新闻通稿

开幕式讲话稿和新闻通稿是展会对外宣布展会正式开幕的"宣言",对于社会各界正确认识展会有重要的影响。开幕式讲话稿和新闻通稿在内容上有些许相似之处,但开幕式讲话稿比新闻通稿要简化。新闻通稿是各新闻媒体报道展会的基调,是展会给媒体和记者的第一印象,展会策划者要认真准备。

4. 开幕方式的确定

展会可以采用多种方式来举行开幕式,如鸣放礼炮、嘉宾剪彩、领导讲话等。如果是鸣放礼炮,要事先安排好礼炮的地点和鸣放礼炮的时机;如果是嘉宾剪彩,要安排好剪彩嘉宾,并安排礼仪小姐;如果是领导讲话,要准备好讲话稿。展会开幕式也可以同时包含上述活动。

展会开幕式流程一般包括以下内容:由展会工作人员引领国内外嘉宾至开幕式主席台就位→开幕式主持人主持展会开幕并介绍到会嘉宾→主持人请有关领导讲话→相关开幕式表演开始→某位重要嘉宾宣布展会正式开幕→主持人宣布开幕式结束并请各位嘉宾和展会观众进场参观。整个开幕式流程要紧凑、不拖拉;开幕式上的表演要恰到好处,不喧宾夺主。开幕式结束后,重要的嘉宾参观展会要有专人陪同;如果嘉宾对展会某方面有兴趣,陪同人员要能随时做出相关说明和介绍。

? **引导问题14**:如何策划展会同期比赛?

笔记

7.2.4 比赛的策划

展会同期比赛的策划一般包括确定活动举办的时间和地点、活动主题、主办单位、参赛单位或个人、比赛方式、评审方案、比赛用品相关解释等。其中,评审方案部分应包括活动目的、专家评审团各成员基本信息、评奖范围、评奖程序、授奖流程等。比赛的策划要注意以下几个问题。

1. 确定主题和立项

展会期间开展相关的比赛不仅能够促进信息的传播与交流,也能在某种程度上推动相关产业技术的发展与相关人员技术的提升。因此,优质的主题能够吸引更多的人员前来参与此项活动,对展会的成功举办有着举足轻重的作用。

2. 成立专家评审团

为了保证比赛的公平、公正、公开,比赛组委会应事先成立专家评审团,评审团成员应具有代表性,并向所有参赛者公开。

3. 确定比赛范围,公开比赛规则

比赛赛程是保证比赛顺利进行的重要条件,因此赛事组织者应提前确定比赛范围和比赛规则,比赛规则要公平合理,并向大众公开相关信息。

4. 比赛实施与管理

比赛的开展需要观众和参展商的积极参与,比赛的资金一般源于展会利润或企业赞助,因此多渠道、多方面投放比赛信息,有助于比赛的成功举办。

5. 比赛结果揭晓

比赛结果的揭晓一般安排在展会结束的前一天,同时主办方往往会安排公开的颁奖仪式来公布比赛名次等相关信息。

笔记

 任务目的

通过对选定展会项目相关情况的分析,掌握展会相关活动策划的类别、原则、目的以及同期会议、活动、比赛等内容的策划知识,并加以灵活运用,为选定展会策划适合的相关活动,锻炼实际应用能力,培养团队合作精神,提升职业素养,增强职业自信心。

 任务名称

展会相关活动策划。

 任务分组

班级		小组名称		指导教师	
组长		学号		分工	
成员		学号		分工	
成员		学号		分工	
成员		学号		分工	
成员		学号		分工	
成员		学号		分工	

 任务实施

1. 活动要求

(1) 分组,每组 3~5 人。

(2) 以小组形式完成活动项目相关题材案例和资料的查找,先组内讨论拟选定的活动项目所在行业和题材,可以参考实际案例,也可以根据设定情境自行编撰适合的题材,要求尽量符合选定活动的各项条件。

(3) 小组讨论交流后与教师讨论,确定展览题材。

(4) 题材选定后,按照所学方法,确定本组会议与活动的类别、主题、议题、计划邀请的嘉宾、会议议程、举办地点、观看和参与办法等。

2. 活动步骤

(1) 分组,确定组长、成员。

(2) 查找活动项目案例和资料。

(3) 组内讨论拟策划的展会相关活动,得出小组活动结论。

(4) 继续完成相关活动需要策划的内容。

(5) 小组讨论交流、师生讨论评价。

 任务评价

小组自评、小组互评与教师评价相结合。自我评价占 10%,小组成员组内互评占10%,小组互评占10%,教师评价占70%。任务评价表如表7-2所示。

表7-2 任务评价表

班级		组名		日期					
评价点	评 价 要 素			分值	自我评价	组内互评	组间互评	教师评价	总评
能力目标1	能够根据实际需求策划展会期间的会议和活动			20					
能力目标2	能运用、分析、综合并评价根据展会实际需求策划的相关活动			40					
素质目标1	相关活动策划时具备关注民生、社会担当、助力行业、经世济民、胸怀天下的家国情怀,准确把握行业发展热点、痛点,有国际视野,为相关活动设计符合社会需求和行业发展的主题和内容			8					
素质目标2	培养会展职业所需的尽职、敬业、勤勉、负责、合作、匠心的职业素养;具有良好的信息素养和劳动精神,活动管理兢兢业业、一丝不苟、注重细节,有劳模精神			7					
素质目标3	养成会展策划师和会展职业经理人应具备的吃苦耐劳、恪守信用、讲求效率、尊重规律、崇尚卓越的职业态度;相关活动策划和管理过程具有为展商和观众服务的意识,做出高质量活动,打造一流展会的职业自信;利用线上展会新技术、新动态等获得进一步发展的能力			7					
素质目标4	相关活动策划过程中具有创新创意思维、商业模式思维、系统思维以及成本意识、效益意识、时间和效率意识			8					
素质目标5	完成相关活动设计时具有分工合作、团结一心的团队精神;能够倾听、沟通、合作、分享,与教师、同学之间相互尊重、理解;与教师、同学之间能够保证多向、丰富适宜的信息交流			5					
素质目标6	养成自主学习、自我培养、自我认知和自信的性格与品质			5					
总分				100					

续表

评价点	评 价 要 素	分值	自我评价	组内互评	组间互评	教师评价	总评
有益经验							
总结反思							

任务拓展

对相关展会同期会议及活动进行调研,如有条件,可前往参观,体验和观察整个流程和内容的设计,从而促进行业认知、专业知识的运用以及开阔视野。

项目小结

本项目主要学习了展会同期会议及活动策划的相关知识,包括同期会议及相关活动的种类、作用和策划原则以及不同会议及活动策划的相关知识。同时在掌握知识的基础上,培养运用、分析、综合相关知识的能力,并可以自我评价和评价他人,具备关注民生、社会担当、助力行业、经世济民、胸怀天下的家国情怀,培养尽职、敬业、勤勉的职业素养和精益求精、崇尚卓越的职业态度,具有知识产权保护意识,具有分工合作、团结协作的团队精神,养成自主学习习惯。

知识测评

资料:展会同期会议及
活动策划知识测评

项目 8　展会宣传推广策划

知识框架

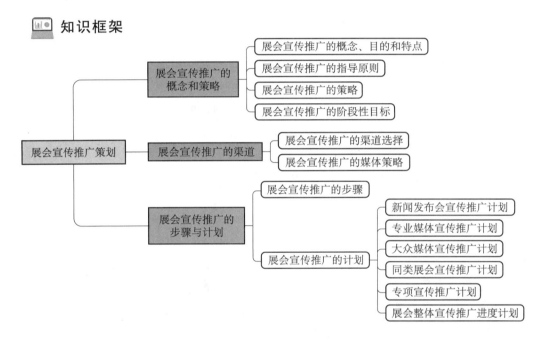

教学重点

宣传推广策略的确定;宣传推广渠道;宣传推广的步骤和进度安排。

教学难点

宣传推广策略;宣传推广渠道;宣传推广步骤与进度。

学习情境描述

2020 年中国国际服务贸易交易会

由商务部和北京市人民政府共同主办的 2020 年中国国际服务贸易交易会,于 9 月 4 日至 9 日在北京举办。本届服贸会是 2020 年以来我国举办的首场线上线下相结合的重大国际经贸活动,主题鲜明、内容丰富、成果丰硕。围绕全球服务,互惠共享主题,举办了覆盖

笔记

服务贸易十二大领域的展览展示和190场论坛及洽谈活动,组建了80家央企交易团、16家中央金融企业交易团及38个省区市交易团,共有来自148个国家和地区的2.2万家企业和机构线上线下参展参会,包括33家国际组织、68家驻华使馆、110家境外商协会、199家世界500强企业。

作为国际性、国家级、综合性的大规模展会和交易平台,为提升参展体验,同时适应疫情防控需要,本届服贸会在展览展示方面实现了综合与专题、线上与线下、室内与室外的三个结合,吸引了境内外5 926家企业和机构线上线下参展。特别是参展企业充分运用5G、大数据、人工智能等新技术和金融创新工具,赋能新产业、新应用,行业融合发展、转型提质特征明显。

综合与专题相结合。综合展区发挥行业领军企业优势,充分体现全球和我国服务贸易发展新业态、新趋势、新成就,涵盖了服务贸易十二大领域,汇集了全球227家企业和机构,国际化率达42.3%;八个专题展区展示出各自行业内的国际一流技术、标准、服务和产品,运用新技术和金融新通道,展现了行业蓬勃发展的新气象。

线上与线下相结合。打造并不断完善服贸会数字平台,2020年服贸会官方网站浏览量达720万次,官方App(应用软件)浏览量为805万次,共有5 372家企业搭建了线上电子展台,其中3D展台2 037个;共举办32场线上会议和173场线上直播会议,线上发布项目1 870个,发起在线洽谈55万次,其中境外在线洽谈14.5万次,占26.4%。同时,相关、相近行业及周边企业在智能匹配、算法推荐等功能的推动下,实现了信息集聚、商机拓展,大幅提升了线上参展体验。

室内与室外相结合。统筹国家会议中心及周边室外空间资源,在奥林匹克景观大道运用环保、绿色建筑材料搭建了30座独具风格的室外展馆,打造室内室外相结合的展览展示新空间,占地总面积20万平方米,通透通风的办展环境有效提高了防疫安全系数。

(资料来源:服贸会官网,https://www.ciftis.org/article/61559/.)

以上是服贸会结束后其官网对服贸会总体情况的总结宣传报道,属于展后新闻报道内容。展会的宣传报道在不同的阶段有不同的宣传方式、途径和宣传内容,一个完整的大型展会宣传方案包括宣传工作执行的时间、地点、渠道、方式等,这也是展会项目策划中尤为重要的一个环节,即探索用不同的方式让目标人群获悉展会相关信息,吸引潜在的观众和潜在的参展商同时转换为真正的客户,后期再进行跟踪维护,让其成为长期稳定的客户。可以根据展会筹备初期、前期、中期和开幕前夕、展览会期间以及展览会结束这几个不同阶段的宣传推广方式与内容,结合预算,确定该展会宣传推广的策略、渠道、计划和进度安排等。

学习目标

知识目标

(1)掌握展会宣传推广的特点以及展会宣传推广不同的阶段策略。

(2) 掌握展会宣传推广的渠道和相应的步骤。

(3) 掌握合理安排宣传推广进度的方法。

能力目标

(1) 能够根据展会实际需求制定不同阶段的宣传推广策略。

(2) 能够根据展会工作的实际需求选择合适的宣传推广渠道。

(3) 能够将宣传推广策划的步骤和具体宣传推广计划运用到实际展会项目的宣传推广策划工作中。

素质目标

(1) 宣传推广时具有配合展会各项工作的大局意识、系统思维。

(2) 培养会展职业所需的尽职、敬业、勤勉、负责、合作、匠心的职业素养;具有良好的信息素养和劳动精神,宣传推广利用多种媒体、多种新技术,掌握行业新动态;兢兢业业、一丝不苟、注重细节,有劳模精神。

(3) 养成会展策划师和会展职业经理人应具备的吃苦耐劳、恪守信用、讲求效率、尊重规律、崇尚卓越的职业态度;宣传推广时具有为展商和观众服务的意识,做出高质量活动,打造一流展会的职业自信;利用线上新技术、新动态等获得进一步发展的能力。

(4) 宣传推广时具有创新创意思维、商业模式思维以及成本意识、效益意识、时间和效率意识;进度安排与实际工作配合默契、符合展会工作进度要求,有大局意识、系统思维。

(5) 完成宣传推广策划时具有分工合作、团结一心的团队精神;能够倾听、沟通、合作、分享,与教师、同学之间相互尊重、理解;与教师、同学之间能够保证多向、丰富适宜的信息交流。

(6) 养成自主学习、自我培养、自我认知和自信的性格与品质。

任务8.1　展会宣传推广的概念和策略

引导问题1:本任务中,你知道展会宣传推广的目的和特点有哪些吗?

笔记

微课：展会宣传推广的概念和策略

8.1.1 展会宣传推广的概念、目的和特点

展会宣传推广是指展会整体的宣传推广，是围绕展会基本目标指定的、有目的、有计划举行的一系列促进招展、招商和建立会展形象的宣传推广活动，是展会策划和营销工作中的重要环节。

1. 展会宣传推广的目的

一般来说，展会宣传推广有以下五个方面的目的。

（1）促进招展。

（2）促进招商。

（3）建立展会的良好形象，创造展会的竞争优势。

（4）协助业务代表和代理人顺利开展工作。

（5）指导内部员工做好客户接待工作。

2. 展会宣传推广的特点

展会宣传推广是一项复杂的工作，涉及时间长、工作多、范围广，需要把握其特点，才能正确、有效地展开宣传推广工作。总的说来，展会宣传推广具有以下特点。

（1）整体性。展会宣传推广是服务于整个展会的，其任务主要有促进展会招展、招商、建立展会的良好形象和创造展会竞争优势、协助业务代表和代理顺利展开工作、指导内部员工做好客户接待工作，不能因为要实现展会的某项目标而忽视其他任务。

（2）阶段性。展会宣传推广工作是随着展会筹备工作的进行和展会的实际需要而分步骤、分阶段实现的，所以展会宣传计划的阶段性很强，阶段性目标和任务应该清晰而明确。

（3）计划性。展会宣传推广需要全面统筹展会筹备工作的各个环节，加强计划性，为展会筹备工作提供强有力的支持。

展会是各种服务的有形载体，参展商和观众希望在展会中得到各项服务，所以从本质上看，展会宣传推广是对展会各种服务的宣传推广。同时，各种媒体和渠道的宣传推广安排要求时间协调、口径统一、内容上各有侧重、效果上互补，这样展会宣传推广工作才能明显促进展会的发展。

引导问题2：你知道展会宣传推广应该遵从哪些原则吗？

8.1.2 展会宣传推广的指导原则

展会宣传推广需要对展会进行全方位的宣传和推广,在进行展会宣传推广时要遵循以下指导原则。

(1) 要强化有形的展示,如各种标志、符号、图案、标识语、数据和形象的比喻等,让参展商和观众能可直接地认知展会。

(2) 要重视口碑的沟通。

(3) 只承诺展会能提供的或者是参展商和观众能看到的内容。展会是一项需要多部门、多工作人员协力完成的系统工程,其服务水平不是规章制度能够完全保证的,因此主办方尽量不要对没有把握的服务标准做出承诺,避免因实现不了造成展会形象受损。

(4) 要注重连续性。

(5) 要注意内部营销同样重要。展会本质上是对一种服务的提供,需要展会服务提供者的配合,因此进行宣传推广时不要把内部员工排除在外,要让内部员工自觉按照高标准提供高质量的服务,提升其职业荣誉感和自豪感。

❓ **引导问题 3**:要想策划一个成功的展会宣传推广提案,可以使用哪些策略?

_____

_____

_____

笔记

8.1.3 展会宣传推广的策略

不同的目的、类型和时间段的展会,其采用的宣传推广策略会有所不同。一般来说,展会宣传推广策略主要有以下几种。

1. 显露型的宣传推广

此类型比较适合展会初期使用,可以帮助展会迅速提高知名度,因此,宣传推广的策略在于传播展会的名称、办展时间和办展地点等简单明了、便于记忆的展会信息。此方法适用于展会创立初期或者展会已经有了一定的名气之后,作为对客户的近期提醒之用。

2. 认知型的宣传推广

此类型的重点是加深受众对展会的认识,以及了解展会的特点和优势,因此,宣传推广的策略在于传播展会的特点、优势等较为详细的内容。此方法一般多用在行业对本展会有了初步了解之后,展会做进一步的招展和招商之时。

3. 促销型的宣传推广

此类型主要是短期使用,是为了在短期内推动展会展位的销售,或者招揽更多的观众到会参观,因此,宣传推广的策略在于解决参展商和观众所关心的主要问题,多在展会招展和招商时使用。

4. 竞争型的宣传推广

此类型主要针对竞争对手所开展的防御宣传推广,因此策略上采取与竞争对手针锋相对的措施,多在本展会受到竞争对手的威胁,或者本展会意欲与其他展会展开竞争时使用。

5. 形象型的宣传推广

此类型重点在于形象的认同、信息的沟通、忠诚度和信任度的目标满足,目的是扩大展会的社会影响,建立展会的良好形象,不只追求短期销售量的增长,因此宣传推广的重点是增强目标受众对本展会定位及形象的认同,积极与目标受众进行信息和情感沟通,增加其对展会的忠诚度和信任。此方法适合在展会筹备的任何阶段使用。

❓ **引导问题 4**:展会不同阶段应如何安排推广进度?

8.1.4 展会宣传推广的阶段性目标

展会不同时间段需要达成的目标不同,因此宣传推广进度可按照展会前期、展会中期和展会后期几个阶段来安排。

1. 展会前期

展会前期可细分为筹备初期、筹备前期、筹备中期和开幕前夕四个阶段,不同时间段所肩负的任务和需要达到的目的有所不同,因此对应的宣传推广重点也有所不同。筹备初期主要向业界发布展览会的基本信息,因此采用的宣传策略是提示性宣传;筹备前期,要配合专业观众组织和招展工作,因此可以进行定向宣传推广;筹备中期同样要促进招展和招商,因此这一阶段主要是宣传推广工作的跟进;开幕前夕要全面介绍筹备工作的进展情况,因此这时适合采用通报性的宣传。

2. 展会中期

在展览会举办期间,展会主办方的工作重点是促使参展商和观众获取最大的经济效益,因此可以大力宣传展览会的特色与亮点,同时要开始下一届展览会的招展和招商工作,因此可采用报道性的宣传和推广。

3. 展会后期

此阶段主要是做好下一届展会的宣传和招展工作,因此宣传推广的重点在于宣传本届展会所取得的一些成就、亮点,以吸引观众和展商参加下一次展会。这一阶段可采用总结性的宣传推广手段,报道展览会所取得的成果,扩大展览会的社会影响。

任务8.2　展会宣传推广的渠道

❓ 引导问题5:展会宣传推广的渠道有哪些?

_____
_____
_____

8.2.1　展会宣传推广的渠道选择

展会宣传推广的渠道主要有以下几种。

1. 媒介宣传

媒体(media)一词来源于拉丁语"medius",音译为媒介,意为两者之间。媒体是指传播信息的媒介,指人用来传递信息与获取信息的工具、渠道、载体、中介物或技术手段,也可以把媒体看作为实现信息传递从信息源传递到受信者的一切技术手段。媒体有两层含义,一是承载信息的物体,二是指储存、呈现、处理、传递信息的实体。展会媒介宣传推广渠道根据不同的标准有不同的分类。

微课:展会宣传推广的渠道

(1)传统媒体和新媒体。传统媒体主要有报纸、电视、广播、杂志,此外还有户外媒体。展会宣传推广时采用的传统媒体主要有纸质印刷的会刊、会报、报纸、期刊以及电视、电台等。

随着科学技术的发展,逐渐衍生出新的媒体,新媒体平台不同于传统的媒体平台,是一种在互联网时代新兴的信息传递平台。新媒体在传统媒体的基础上发展起来,但与传统媒体又有着质的区别。新媒体涵盖了所有数字化的媒体格式,是由报纸、广播、电视等传统媒体发展起来的新的媒体形式,包括所有数字化的传统媒体、在线媒体、移动端媒体、数字电视、数字报纸和杂志。新媒体的概念较为广泛,即采用数字技术、网络技术,通过互联网、宽带局域网、无线通信网络、卫星频道以及计算机、手机、数字电视等终端,为用户提供信息和娱乐服务的形式,因此新媒体可以称为数字新媒体。新媒体平台不局限于数字报纸、数字广播、手机短信、移动电视、网络、桌面视窗、数字电视、数字电影、触摸媒体等,还有网站、微信公众号、微博、头条号、抖音、快手、微信视频等。

(2)专业媒介和大众媒介。媒介宣传是当前展会宣传推广较为重要的途径,而展会宣传推广时根据面向的参展商和观众的不同选择不同类别的媒介,主要分为专业媒介和大众媒介。

笔记

专业媒介主要包括与展览会题材有关的行业报纸、杂志、展会目录、展会会刊等,这类媒介针对性强、富有专业性,直接面向目标参展商和目标观众,因此也是展会首选的宣传推广媒介。

大众媒介主要包括电视、广播、各种报刊、户外媒体、网站等,这类媒介普及性很强,社会接触面广,具有一定的新闻性和可信度,其传播的对象不仅包括目标参展商和专业观众,还有普通观众,因此大众媒介是可作为其他宣传推广的有效补充。

2. 公关宣传

公关宣传主要包括两方面:其一,指展会组织者通过策划和实施一些能够吸引公众注意的公共关系事件,扩大展会的影响,吸引更多的参展商参展,达到宣传和推广展会的效果;其二,指展会组织者与参展商建立发展或合作关系,因此一般采用开幕式、新闻发布会和公益赞助等进行公关宣传。

3. 人员宣传

人员宣传是一种人际交流,也是一种直接的宣传方式。展出者通过与目标观众进行联络,告知展出情况,邀请其参观、参加展览,主要的表现形式为展会相关工作人员通过发函件、打电话、发传真、拜访等与参展机构和组织建立联系。通常负责宣传的人员会先发送函件、信函等,或通过礼品赠送、贵宾卡赠送来附带发函,然后通过电话或者直接拜访的方式来与客户进行联系。

选择直接邮寄需要在恰当的时间把恰当的资料和信息邮寄给恰当的人,并使其作出预期的反应。一般来说,邮寄请柬给政府官员或演讲嘉宾需要提前两到三个月安排相关事宜。而邮寄招展函和观众邀请函,也要根据目标参展商和目标观众所在的地域范围来调整邮寄时间。

展会结束之后,主办方还应该将感谢信、展览会的评估结果以及客户需要的一些其他资料一并寄给参展商,同时传达下一届展览会有关信息。在通过邮寄方式进行宣传推广时,需注意,针对不同的邮寄对象,传递的信息侧重点会略有不同。例如,邮寄对象为参展商,邮寄资料中要介绍展会的程序,要强调展会的观众组织和配套服务;邮寄对象为重要的客户时,要附上主要负责人的亲笔签名;邮寄对象为专业观众时,要强调参展的数量、档次,以及主办方能够提供的洽谈环境,同时邮寄观展指南、邀请函和入场券;邮寄对象为媒体记者时,要向其邮寄有价值的新闻资料,包括展会的创新之处,或诸如参展商人数、档次方面的突破等信息。

4. 同类展会宣传

同类展会是展会目标客户最集中的地方,在这些展会上进行宣传推广,会收到良好的效果。

❓ **引导问题6**:展会宣传推广的媒体策略有哪些?

8.2.2 展会宣传推广的媒体策略

1. 展会宣传推广的媒体种类

展会宣传推广要借助一定的媒体才能传播出去,可供选择的媒体主要有印刷媒体、广播、电视、人员沟通和网络等。

(1) 印刷媒体,主要有报纸、杂志、户外广告和办展单位用于直接邮寄的印刷宣传品等。这些传播媒介的共同特点是以平面设计为主要表现形式,但又各有优势,各有缺点。

(2) 广播、电视,主要是以视觉和听觉刺激为传播手段的媒介。

(3) 人员沟通,主要有人员直接拜访、电话联系、营业推广、公关活动等。人员沟通具有极强的针对性和灵活性,但费用昂贵。

(4) 网络,主要通过互联网的形式,以专门网站展示和电子邮件传播的方式进行,或者以微博、微信的方式传播,还会以二维码和手机终端应用软件的方式传播,是一种新兴的传播媒介。

不同传播媒体的优缺点对比如表8-1所示。

表8-1 不同传播媒体的优缺点对比

媒体	优　　点	缺　　点
报纸	时效性强,读者面广,灵活、及时,有一定的新闻性,可针对某一区域市场	有效期短,表现手法单调,费用较高,表现力较弱,重复出现率低
杂志	针对性强,有效期长,可以很好地复制,保存期长	不够灵活,时效性较差,受众面较窄,版面位置选择性差
广播	受众面广,传播速度快,时效性强,费用较低	表达手法单一,不易保存,只有听众才能得到信息
电视	表现力强,覆盖面广,富有感染力	展示的时间短,对目标受众的选择性小,费用比较昂贵
网络	综合利用平面设计技巧、文字功能、听觉和视觉效果来传播	受互联网普及程度的制约,只有上网的人才可能看到
人员沟通	有极强的针对性和灵活性	费用昂贵

2. 展会宣传推广的媒体策略

进行展会宣传推广不是仅利用上述某一种媒体,也不是对上述媒体的简单叠加利用,而是充分考虑各种媒体的优缺点,取长补短,选择几种媒体,组成一个合理的宣传推广媒体组合。在组成合理的宣传推广媒体组合时,要考虑的因素主要有单位接触成本、信息接触量、接触频率和目标受众。

笔记

（1）单位接触成本。单位接触成本是信息接触到目标市场每个目标受众的费用，可以对各种媒体的单位接触成本进行比较，选择成本较低的媒体作为传播工具，使投入的资金发挥最大的作用。

（2）信息接触量。信息接触量是指在特定的时间内（通常是一个月）至少接触到一次传播信息的目标受众的数量。信息接触量直接揭示了传播有效覆盖面的大小，对制定传播重复的次数有较大参考价值。

（3）接触频率。接触频率是指在特定的时间内一个目标受众接触到特定信息的次数，通常用平均接触频率来评估某一特定媒体的覆盖强度。

（4）目标受众。这里要考虑两方面的目标受众，一是展会信息传播的目标受众，二是特定媒体本身的目标受众，然后将两方面综合考虑，看是否符合传播的需要。

综合考虑以上因素加上展会的传播预算，就可以选定媒体组成一个合理的展会宣传推广媒体组合，积极对外宣传，扩展目标参展商和观众对展会的认知。

任务8.3　展会宣传推广的步骤与计划

❓ 引导问题7：展会宣传推广有哪几个步骤？

8.3.1　展会宣传推广的步骤

微课：展会宣传推广的步骤

展会宣传推广的内容较多，因此在进行策划时，必须全面、系统地制订策划方案，以满足筹备工作之需要。通常展会宣传推广包括以下六个步骤。

1. 确定目标

确定目标就是要明确通过展会的宣传推广希望达到的目标，如招展、招商，或者树立展会的品牌形象等。只有明确了目标和任务，宣传推广的实施才有意义，否则就会无的放矢。需要注意的是，展会的宣传推广目标具有一定的阶段性，在筹备的不同阶段，主要任务也有所差别。例如，在展会筹备前期，宣传推广的目标重于招展，而后期重于招商。

2. 制定宣传推广资金的预算

确定宣传推广目标之后，需要制定相应的资金预算。在实际操作中，展会宣传推广预算可以先按照宣传推广的不同来分别制定，然后将各渠道的预算汇总到一起，组成展会宣传推广的总预算。

3. 进行宣传推广信息策划

宣传推广信息策划在于确定展会的宣传推广需要向外界传递怎样的信息，如展会的理念、优势、特点及视觉识别系统（visual identity，VI）形象等。不管展会向外界宣传推广的是怎样的信息，都必须保证信息的真实和可靠。此外，展会宣传推广的信息要具有特色，不能与别的展会雷同，这样才不会被其他信息淹没。

4. 策划宣传推广的资料准备

通常展会都要印发宣传推广材料，因此可以通过精心策划的宣传推广来制造宣传攻势。宣传推广的素材主要包括专题报道、展前预览、新产品报道、参观指南、展期新闻以及展会回顾等。

5. 策划宣传推广的渠道

为了提高宣传推广的效果，在进行策划时需要考虑拓宽宣传推广的渠道，通过电视、报纸、户外广告、网络、数据、业务平台等多种渠道，及时发布真实和丰富的展会信息。

6. 评估宣传推广的效果

可以通过量化标准和反馈标准来评估宣传推广效果。量化标准就是通过统计的方法，对宣传推广资料的发放、宣传的场次及受众的人次等用数字反映出来。反馈标准是指通过收集宣传推广对象的反馈信息，采取综合评估的方法来验证宣传推广的实际效果。

引导问题8：应如何制订展会宣传推广中的新闻发布会计划？

_____
_____
_____
_____

8.3.2 展会宣传推广的计划

展会宣传推广的计划有如下几种。

1. 新闻发布会宣传推广计划

展会从开始筹备到最后开幕，可以视需要组织多次新闻发布会，如展会筹备之初、展会招展工作基本结束时、展会开幕前、展会闭幕时等都是召开新闻发布会的绝好时机，在这些时候召开新闻发布会，对展会具有较大的促进作用。制订新闻发布会宣传推广计划时要注意召开新闻发布会的时机以及新闻发布会的地点、出席发布会的媒体及相关人员、主持人、要发布的内容等。

资料：新闻发布会宣传推广计划

笔记

? **引导问题9**：应如何制订展会宣传推广中的专业媒体宣传推广计划？

_____
_____
_____
_____

2. 专业媒体宣传推广计划

这里所说的专业媒体是指与展会题材有关的行业报纸、杂志、展会目录、展会会刊和专业网站等。这些媒体直接面对目标参展商和目标观众，是展会首选的宣传推广媒介。

展会通过专业媒体进行宣传推广主要有广告、软性文章与图片、机构推广三种。展会通常将这三种方式结合起来使用，以达到最佳效果，其中机构推广的方法很多，如委托专业媒体随刊邮寄展会邀请函、宣传单张和门票等。在选择具体媒体和推广方式时要考虑以下因素。

（1）客户规模与市场占有率。专业媒体覆盖的目标客户范围越大，宣传效果越好，对每一个目标客户单项推广活动的成本越低。市场占有率对展会的宣传推广决策有重大影响，当展会的市场占有率较低时，宣传推广的边际效用随着宣传推广投入的提高而很快上升；当市场占有率达到一定程度时，宣传推广的边际效用开始下降。所以，对于市场占有率较高的展会，增加宣传推广投入的效果不大；对于市场占有率较低的展会，适当提高宣传推广投入会达到更好的效果。

（2）竞争与干扰。如果同类展会较多，宣传推广投入就要大一些，这样才能让客户在众多的同类展会中听到本展会的声音；如果其他展会对本展会的替代性较强，宣传推广的力度就要加大。此外，如果一个媒体上的广告很多，无论这些广告是竞争者的还是非竞争者的，都会分散客户的注意力，这时宣传推广的力度就应该适当加强一些。

（3）展会发展阶段。在展会发展的不同阶段，宣传推广的目的和作用是有差别的。在展会的创立阶段，为了让市场尽快知道本展会，宣传推广的力度要大一些；在展会的培育阶段，为了建立展会品牌，宣传推广的力度也不应缩减；在展会的成熟期，因客户对展会已经比较了解，宣传推广的力度可以小一些；当展会进入衰退期，宣传推广的力度也可以小一些，但如果展会此时正在转型，为了凸显展会的创新措施与服务，宣传推广的力度又应该大一些。

（4）宣传推广的频率。对于一般的广告信息，客户一般要接触几次才会留有印象。一般认为，目标客户在一个参展周期里需要接触到3次广告信息才会产生对该广告的记忆；接触的次数超过5次，影响力开始递减；接触的次数超过8次，广告将产生负面作用。所以，宣传推广的频率并不是越密集越好，展会在进行宣传推广时，要结合宣传的有效传递情况来确定传播频率。通常认为，在一个参展周期里让目标客户接触到6次广告信息为最佳频率。

❓ 引导问题 10：应如何制订展会宣传推广中的大众媒体宣传推广计划？

_____
_____
_____

笔记

3. 大众媒体宣传推广计划

这里所说的大众媒体，是指各种面向普通大众的报纸、网站、电视、广播、户外广告媒体、交通广告媒体、包装媒体、焦点媒体等，这些媒体既面对目标参展商与目标观众，也面对普通观众。

1) 大众媒体与专业媒体的区别

展会宣传推广对大众媒体的使用与对专业媒体的使用有一定的区别：首先，从使用目的上看，展会在大众媒体上进行宣传推广，一般是为了更好地树立展会形象、建立展会品牌或者是吸引普通观众到会参观，大众媒体对展会招展与吸引目标观众的作用不如专业媒体大。其次，从使用的阶段上看，展会在大众媒体上进行宣传推广，一般是在展会刚创立或者在每届展会即将开幕时进行，而在展会筹备的时候较少在大众媒体上进行宣传推广。最后，从功能上看，展会在大众媒体上进行宣传推广，很多时候是将其作为展会其他推广方式的一种补充，而不是展会宣传推广的主要方式。

在专业媒体和大众媒体上进行宣传推广各有优势和劣势。专业媒体的优势是受众稳定，适应范围广；针对性强，富有专业特性；表现手法灵活，信息容量大；有效期较长，重复出现率高。专业媒体的弊端主要是时效性较差，版面位置选择性较差，对普通观众作用不大，覆盖范围有限。大众媒体的优势是时效性强，传播速度快；覆盖面广，读者群大；制作简单，手法灵活；具有一定的新闻性和可信度。大众媒体的不足之处是有效期较短，费用较高，对专业观众作用不大，抗干扰能力较差。在做展会宣传推广时要注意扬长避短，将两者结合起来使用。

2) 展会利用大众媒体的形式

展会利用大众媒体进行宣传推广，可以采用广告、软性文章与图片、机构推广三种形式，其中广告的媒体载体选择更为广泛，除报纸、电视、广播和网站外，户外广告媒体、交通广告媒体、包装媒体和焦点媒体也是展会广告经常出现的地方。户外广告是指在户外公共场所使用广告牌、霓虹灯、灯箱等进行的广告宣传；交通广告是指利用车、船、飞机场和地铁等公共设施所做的广告；包装媒体广告是指在包装袋和包装盒等包装材料上做的广告；焦点媒体广告是指在展馆、大型商店和酒店等场所或周围所做的广告。

不论在哪种媒体上做宣传推广，都要考虑宣传推广预算。宣传费用是影响媒体选择的重要因素，在不同的媒体上进行宣传推广，费用有很大差别的。不仅要考虑绝对宣传成本，还要考虑相对宣传成本。绝对宣传成本是指每次宣传推广费用的总支出额。相对宣传成本通常用每一千个目标客户接触到媒

笔记

体的费用来计算,更能反映宣传的实际效果。

此外,宣传推广的时间安排也是展会宣传推广时需要仔细考虑的因素。不管是在哪种媒体上做宣传,宣传的时间安排一般有三种方式。第一,集中时间安排,即将宣传推广集中安排在某一段时间内,以在较短时间内迅速形成强大的宣传攻势。第二,连续时间安排,即在一定时间里均匀地安排宣传推广活动,使展会信息经常在目标市场出现,以逐步加深客户的印象。第三,间歇时间安排,即间断安排展会的宣传推广活动,一段时间的宣传推广后停一段时间再做宣传。这三种方式各有利弊。例如,集中时间安排方式适合在开拓新市场、集中招展或招商时使用;连续时间安排方式适合在展会已经有一定影响,客户参展参观安排以理智动机为主的时候使用;间歇时间安排方式适合在产品季节性较强或者展会宣传费用不足时使用。至于究竟采用哪种时间安排方式,展会要根据自己的实际情况来确定。

? **引导问题11**:应如何制订展会宣传推广中的同类展会宣传推广计划?

_____
_____
_____

4. 同类展会宣传推广计划

国内外举办的同类展会是目标客户最为集中的地方,在这些展会上进行宣传广,费用较低,效果很好。

1) 同类展会宣传推广的形式

在国内外同类展会上进行宣传推广活动,可以根据同类展会与本展会竞争关系的不同而采取不同的形式,通常有以下几种形式。

(1)互换展位。互相在对方展会上设立展位进行宣传推广。这适用于在竞争性不强的展会之间。

(2)在对方展会的会刊里刊登本展会的信息或者宣传广告。如果展会彼此间竞争性不强,而人员到对方展会进行宣传推广的费用又太高时,可以采用这种形式。

(3)在对方展会开幕期间举行关于本展会的新闻发布会。对于一些结成战略联盟的办展单位或者展会,可以在对方展会开幕期间,在展会里举行关于本展会的新闻发布会。如果彼此有一定的竞争关系,可以选择在该展会附近或者其他适当的地方举办新闻发布会。

(4)互相在对方展会的专门网站里发布关于本展会的信息或广告,或者双方网站互相建立友情链接。

(5)代为派发对方展会的宣传资料。可以委托对方展会在展会适当的地方如信息咨询台等代为派发本展会的宣传资料。这种资料派发可以是单方面付费有偿的,也可以是双方免费互换的。

(6)派出人员在同类展会上开展推广活动。如果展会彼此间具有一定的竞争关系,前述五种方式难以实现,这时可以派出人员到该展会进行专门的宣传推广活动,如向目标客户派发本展会的宣传资料等。

上达推广方式组合使用的话效果会更好。例如,互换展位、互相在对方会刊里做广告、网站互相链接等可以同时进行,这样信息传播的范围将扩大,宣传推广的目标也更容易达到。

2) 同类展会宣传推广的优缺点

在同类展会上进行宣传推广有以下优点。第一,可以直接面对目标客户,与目标客户进行面对面交流。第二,信息传达灵活,可以给目标客户以直接的宣传刺激。第三,容易与目标客户建立关系,可以即时得到目标客户的反应。第四,容易引起目标客户的注意,迅速产生推广效果。

但是在同类展会上进行宣传推广也有局限性。第一,宣传推广方式的选择受展会彼此之间竞争关系的影响较大,缺乏一定的灵活性。第二,有些推广方式费用较高。第三,每个展会的客户群都是有限的,宣传推广的目标客户的范围因此具有一定的局限性。

❓ 引导问题 12:应如何制订展会宣传推广中的专项宣传推广计划?

_____

_____

_____

_____

5. 专项宣传推广计划

1) 专项宣传推广计划的主要方式

展会采用的专项宣传推广方式主要有以下几种。

(1) 人员推广。人员推广是展会直接派出工作人员通过登门拜访、电话交谈等形式直找与目标市场的客户建立联系、传递展会信息。人员推广信息反馈及时,具有一定的亲和力和说服力,但是人员推广的费用一般较高,能接触到的客户数量较为有限。

(2) 直接邮寄。直接邮寄是展会直接向目标客户邮寄展会的各种宣传资料。直接邮寄有赖于展会客户数据库的完整性和准确性。直接邮寄针对性强,效果也较好,费用也较高。

(3) 公共关系。公共关系是展会利用各种传播手段与社会公众进行沟通,建立良好的社会形象和经营环境的活动。公共关系的作用面很广,传播手段较多,着眼于展会的形象和长远发展。

(4) 机构推广。机构推广是展会可以与有关媒体、国际组织、行业协会和商会、国内外其他办展单位和政府主管部门等合作,共同推广本展会,如委托上述机构代为发放展会宣传资料,代为组织观众,代为在会员中宣传本展会等。

(5) 相关活动推广,也叫事件推广或事件营销。相关活动推广是在展会开幕前或展览期间举办一系列相关活动,也是展会进行宣传推广的重要方式。

笔记

笔记

2）影响以上方式组合的因素

上述五种专项宣传推广方式常被组合起来使用，例如，人员推广与直接邮寄相结合、公共关系与相关活动相结合等，并且这五种宣传推广方式经常以新闻发布会、专业媒体、同类展会和大众媒体等宣传推广方式组合使用，这些方式如果组合得好，宣传推广的效果将加倍。一般认为，影响这些宣传推广方式组合的因素主要有以下几个。

（1）展会类型。不同题材和不同功能的展会，其目标参展商和观众也不一样，展会的宣传推广组合也应不同，即使是同题材的展会，主要功能不同，宣传推广的组合也应不同。

（2）展会营销策略。营销推广策略对展会的宣传组合也有较大的影响。

（3）客户特性。客户是否参展受个人对展会认识深度的影响。一般认为，客户的认识深度可以分为三个层次：认识阶段、动心阶段、行动阶段。认识阶段是指客户对展会开始认识到有初步了解这一阶段；动心阶段是指客户对展会开始产生兴趣并逐步信赖展会这一阶段；行动阶段是指客户参展或者参观这一阶段。对处于不同阶段的客户，不同的宣传方式产生的效果差别很大。

（4）市场特性。展会展览题材所在的产业市场是处于"买方市场"状态还是"卖方市场"状态，对展会宣传组合的影响也很大。

（5）展会发展阶段。展会是处于培育期、发展期、成熟期还是衰退期对展会宣传组合的影响也很大。

（6）宣传推广费用预算。费用预算对宣传推广方式的选择具有很大的制约作用，如果预算不足，有些较昂贵的宣传推广方式就不能使用。

引导问题 13：应如何制订展会整体宣传推广进度计划？

_____

_____

_____

6. 展会整体宣传推广进度计划

展会整体宣传推广进度计划是为配合展会筹备、招展和招商等工作的需要，而对展会的整体宣传推广工作及其要达到的效果进行统筹规划和事先安排，即计划好什么时候该开展什么样的宣传推广活动、采取什么样的宣传推广组合、需要达到什么样的宣传推广效果等。展会整体宣传推广是一项计划性和系统性很强的工作，一方面，要密切配合展会筹备、招展、招商等工作的展开，必须事先严密计划、细心安排；另一方面，要注意时间安排的系统性和配套性，否则展会宣传推广将难见成效。

展会整体宣传推广工作服务于展会筹备、招展和招商等工作，并受这些工作的影响。展会整体宣传推广计划的制订要考虑到以上工作的需要，还要与其他工作进度相配合。同时，展会整体宣传推广工作又独立于展会筹备、招展和招商工作。展会整体宣传推广工作计划一旦制订,除非中途出现重大变故,否则就不轻易改变,这样就可以排除其他因素的干扰,对展会宣传推广工作进行总体控制和监督。展会整体宣传推广进度计划一般用表格的形式来表现,如表 8-2 所示。

表 8-2 展会整体宣传推广进度计划表

时间	宣传推广组合	宣传推广措施	计划达到的推广效果	预算	备注

有了展会整体宣传推广进度计划表,就可以有条不紊地按计划开展展会的宣传推广工作,并及时对各阶段的宣传推广效果进行检查。如果没有达到宣传推广的阶段性目标,就可以及时采取补救措施,促进宣传推广各项任务的顺利完成。

任务目的

通过学习展会宣传推广的基础性理论,掌握展会不同阶段的宣传推广策划方法和侧重方向,并运用到展览项目策划中,锻炼实际应用能力,培养团队合作精神,提升职业素养,增强职业自信心。

任务名称

制订本展会的宣传推广计划。

任务分组

班级		小组名称		指导教师	
组长		学号		分工	
成员		学号		分工	
成员		学号		分工	
成员		学号		分工	
成员		学号		分工	
成员		学号		分工	

任务实施

1. 活动要求

(1) 分组,每组 3~5 人。

(2) 以小组形式完成展览项目相关题材案例和资料的查找,先组内讨论拟

笔记

选定的展览项目所在行业和题材的特点,可以参考实际案例,讨论适合本组策划展会的宣传推广方式、渠道、时间安排等。

(3) 小组讨论交流后与教师进行讨论,确定展览宣传推广思路。

(4) 按照所学方法,确定本组展会的宣传推广方案,包括采用的宣传推广媒体、宣传推广渠道、不同阶段需要达到的宣传推广目标和采取的措施、时间进度安排和费用预算等。

2. 活动步骤

(1) 分组,确定组长、成员。

(2) 查找会展项目案例和资料。

(3) 组内讨论宣传推广措施,得出小组活动思路。

(4) 确定思路后,完成本组展会宣传推广方案的制订。

(5) 小组讨论交流、师生讨论评价。

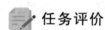 任务评价

小组自评、小组互评与教师评价相结合。自我评价占10%,小组成员组内互评占10%,小组互评占10%,教师评价占70%。任务评价表如表8-3所示。

表8-3 任务评价表

班级		组名		日期			
评价点	评价要素	分值	自我评价	组内互评	组间互评	教师评价	总评
能力目标1	能够根据展会实际需求制定不同阶段的宣传推广策略	16					
能力目标2	能够根据展会工作的实际需求选择合适的宣传推广渠道	20					
能力目标3	能够将宣传推广策划的步骤和具体宣传推广计划运用到实际展会项目的宣传推广策划中	20					
素质目标1	宣传推广时具有配合展会各工作的大局意识、系统思维	8					
素质目标2	培养会展职业所需的尽职、敬业、勤勉、负责、合作、匠心的职业素养;具有良好的信息素养和劳动精神,宣传推广工作利用多种媒体、多种新技术,掌握行业新动态;兢兢业业、一丝不苟、注重细节,有劳模精神	7					

续表

评价点	评 价 要 素	分值	自我评价	组内互评	组间互评	教师评价	总评
素质目标3	养成会展策划师和会展职业经理人应具备的吃苦耐劳、恪守信用、讲求效率、尊重规律、崇尚卓越的职业态度；宣传推广工作具有为展商和观众服务的意识，做出高质量活动，打造一流展会的职业自信；利用线上新技术、新动态等获得进一步发展的能力	7					
素质目标4	宣传推广工作具有创新创意思维、商业模式思维以及成本意识、效益意识、时间和效率意识；进度安排与实际工作配合默契，符合展会工作进度需求，有大局意识、系统思维	7					
素质目标5	完成宣传推广策划时具有分工合作、团结一心的团队精神；能够倾听、沟通、合作、分享；与教师、同学之间相互尊重、理解，与教师、同学之间能够保证多向、丰富适宜的信息交流	8					
素质目标6	养成自主学习、自我培养、自我认知和自信的性格与品质	7					
总分		100					
有益经验							
总结反思							

 任务拓展

找出自己的展会所属行业有哪些专业的报纸、期刊、网站、行业商业协会、政府主管部门、知名公众号等，并尽量找到有关宣传推广报价，制定宣传推广预算。

笔记

 项目小结

本项目主要学习展会宣传推广的相关知识,包括宣传推广的概念、目的、特点、策略、宣传推广的步骤以及不同宣传推广计划的制订。同时在掌握知识的基础上,培养运用、分析、综合相关知识的能力,并可以自我评价和评价他人,具备关注民生、社会担当、助力行业、经世济民、胸怀天下的家国情怀,培养尽职、敬业、勤勉的职业素养和精益求精、崇尚卓越的职业态度,具有知识产权保护意识,具有分工合作、团结协作的团队精神,养成自主学习的习惯。

 知识测评

资料:展会宣传推广
策划知识测评

项目 9　展会服务商及现场管理

知识框架

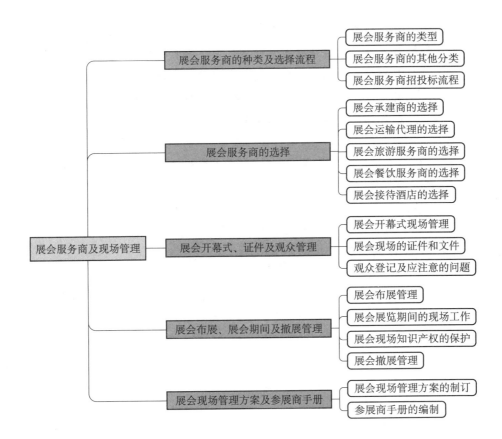

教学重点

展会服务商的种类及选择流程；展会现场管理工作内容及要求。

教学难点

服务商；招投标；布展；现场工作管理；撤展。

笔记

学习情境描述

2022年服贸会印刷服务项目采购公告

采购人:北京市国际服务贸易事务中心。

文件提交地址:北京丰台区方庄××××区××楼××栋×××(请携带本人身份证原件并按要求在门房登记)。

预算金额:人民币20.58万元(由于项目预算现处于申报阶段,项目最终成交价格不高于预算评审审定金额)(参与本次采购活动的供应商,需同意"项目最终成交价格不高于预算评审审定金额和北京市财政批复金额")。

一、参与采购活动供应商的资格条件

(1) 同时具备下列条件:

① 具有独立承担民事责任的能力;

② 具有良好的商业信誉和健全的财务会计制度;

③ 具有履行合同所必需的设备和专业技术能力;

④ 有依法缴纳税收和社会保障资金的良好记录;

⑤ 参加政府采购活动前三年内,在经营活动中没有重大违法记录;

⑥ 法律、行政法规规定的其他条件。

(2) 不得被列入失信被执行人、重大税收违法案件当事人名单和政府采购严重违法失信行为记录名单。

(3) 本项目不接受联合体报价。

(4) 具有北京市市级行政事业单位普通印刷定点服务资质。

二、采购内容

(1) 宣传册(中文)6 000册。

规格:210mm×297mm,封面4P,250g无光铜,正背四色印刷,覆亚膜;内文36P,128g无光铜,正背四色印刷;骑马钉,牛皮纸打包。

(2) 宣传册(英文)3 000册。

规格:210mm×297mm,封面4P,250g无光铜,正背四色印刷,覆亚膜;内文36P,128g无光铜,正背四色印刷;骑马钉,牛皮纸打包。

(3) 手提袋10 000个。

规格:300mm×400mm×80mm,250g白卡,覆光膜,白色棉绳。

(4) 参会指南20 000张。

规格:展开尺寸690mm×555mm,横向2折,纵向5折,折后尺寸115mm×185mm,105g铜,正背四色印刷。

(5) 会刊5 000册。

规格:正面中文反面英文,140mm×210mm;无线胶订;封面4P、250g铜版纸、覆亚膜、封面四色印刷;内文328P,105g铜,四色印刷。

(6)服贸会成果手册2 000册。

规格：正面中文、反面英文,210mm×285mm；无线胶订；封面4P、250g铜版纸、覆亚膜、四色印刷；内文200P,105g铜，四色印刷。

商务要求、保密要求等详见公告附件(采购文件)。

提交报价材料的截止时间：2022年8月12日下午16：00分(北京时间)，逾期或报价文件不符合规定的恕不接受。报价供应商不得采用邮递方式提交报价文件,需由报价供应商法定代表人或授权代表携带本人身份证原件到报价文件提交地点现场提交报价文件,并现场确认。

凡有意向参与本项目采购活动的供应商,需在截止时间前将报价材料纸质版提交给联系人,同时将报价材料电子版发送至××××××@ciftis.org.cn。逾期未提交纸质报价文件,或未发送电子版报价文件的,不得参加采购活动。

联系人：×××,电话：6790××××,邮箱：××××××@ciftis.org.cn

附件：(1)采购文件
　　　(2)报价文件

北京市国际服务贸易事务中心
2022年8月9日

(资料来源：服贸会官网,https://www.ciftis.org/article/13441040137449472.html.)

学习目标

知识目标
(1)记忆并理解展会服务商的概念、类别。
(2)记忆并理解展会服务商招投标流程。
(3)记忆并理解展会服务商的选定。
(4)记忆并理解展会开幕式工作要求。
(5)记忆并理解展会现场工作要求。

能力目标
(1)能运用、分析、综合并评价展会服务商的选定。
(2)能运用、分析、综合并评价展会开幕式管理工作。
(3)能运用、分析、综合并评价展会现场管理、编制参展商手册。

素质目标
(1)具备关注民生、社会担当、助力行业、经世济民、胸怀天下的家国情怀。
(2)培养展览策划与管理职业所需的尽职、敬业、勤勉、负责、合作、匠心的职业素养和良好的信息素养。
(3)养成会展策划师和会展职业经理人应具备的吃苦耐劳、恪守信用、讲求效率、尊重规律、崇尚卓越的职业态度。

笔记

(4) 具有法律意识、知识产权保护意识、安全意识。
(5) 具有团队精神、共赢思维和大局意识。
(6) 养成自主学习、自我培养、自我认知和自信的性格与品质。

任务 9.1　展会服务商的种类及选择流程

微课:展会服务商的种类及选择流程

❓ **引导问题 1**:为一个展会办展方、参展商等提供产品或服务,从而保证展会顺利举办的服务商有哪些?

_____
_____
_____
_____

9.1.1　展会服务商的类型

展会服务商是为展会组展方和参展商提供产品或服务的公司或个人。因此办展方要有资源整合思维和借力思维,认识到展览活动的成功举办依赖于这些服务商所提供的强有力的产品或服务。

按照服务商提供的产品或服务的类型来分类,主要有以下几类服务商。

(1) 搭建装修类服务商,主要负责展馆的整体搭建,以及参展商所需的展位搭建、布展和撤展,展位内外装饰装修服务。

(2) 物流服务类服务商,主要负责提供参展商所需的物资进出口、报关和报检、运输、仓储、现场装卸以及快递服务等。

(3) 场馆运营管理类服务商,主要负责提供场馆运营服务管理和场馆内的保洁等物业管理服务。

(4) 活动公关和广告类服务商,主要负责提供宣传、演出等公关联络服务和广告服务。

(5) 信息技术类服务商,主要负责提供数据处理、分析、网站信息维护等服务。

(6) 商贸服务类服务商,主要提供商务活动的策划、组织、管理和接待。

(7) 法律服务类服务商,主要负责提供法律咨询和知识产权申请、代理等服务。

(8) 新闻宣传类服务商,即提供展会宣传服务的新闻媒体。

(9) 代理类服务商,主要负责提供招展、观众、组织、招商等工作的代理服务。

(10) 人力资源类服务商,主要负责提供主办单位和参展商所需的各类服务人员的派遣、聘用等服务,如礼仪公司、翻译公司等。

(11) 安全保卫类服务商,主要负责提供场馆安全保卫和安全防范设,以及设施的设计、施工等服务。

　　(12) 餐饮服务类服务商,主要负责提供餐饮服务,包括正餐、快餐、茶餐、外卖等形式。

　　(13) 酒店住宿类服务商,指展会的协议酒店、官方推荐酒店等合作酒店。

　　(14) 旅游服务类服务商,只为参展者提供旅游服务的机构,主要是指一些旅行社。

　　(15) 保险服务类服务商,指展会提供保险服务的供应商,主要是有相应险种的保险公司。

❓ **引导问题 2**:除了按照提供的产品或服务内容对服务商进行分类,服务商还可以分为哪些类别呢?

_____

_____

_____

9.1.2　展会服务商的其他分类

　　展会服务商可以按照服务商对组展方的重要程度来分类。其主要分为四类:战略型服务商、伙伴型服务商、优选型服务商和交易型服务商。

　　(1) 战略型服务商是指与展会关联最强的几家服务商,也就是这个展览公司战略发展所必需的几家服务商。例如,展会的总服务承包商就属于战略型服务商。

　　(2) 伙伴型服务商是指具有较强专业能力与技术实力的行业龙头企业,由于其较高的技术含量而在展会服务中起到关键性作用。例如,与组展商长期密切合作的运输公司、展位搭建公司等。伙伴型服务商关系,是企业与服务商在相互信任的基础上,达成的一种共担风险、共享利益的长期合作关系。

　　(3) 优选型服务商是指组展的企业对其产品或服务的采购量比较大,但是产品或服务价值不高的服务商。

　　(4) 交易型服务商是优选型供应商的补充,其与组展企业之间的业务合作比较少。当外界条件影响战略型服务商、伙伴型服务商和优选型服务商均不能完全满足企业需求的时候,展览企业也会考虑与交易型服务商进行合作。也就是说,交易型服务商与组展企业之间的关系是最弱的。

❓ **引导问题 3**:选择展会服务商的流程是什么?

_____

_____

_____

笔记

9.1.3 展会服务商招投标流程

招投标是一种传统的交易方式,组展方会采用招投标的方式来了解服务商的情况,综合平衡,择优选择展会服务商。展会服务商招投标的流程主要有招标、投标、开标、评标、定标和签约六个环节。

(1) 招标。招标是指招标人发出招标公告或通知,说明拟招标项目的名称、规格、数量及其他条件,见邀请后投标人在规定的时间、地点,按照一定的程序进行投标的行为,在法律上是一项邀约邀请。

招标分为公开招标和邀请招标。

① 公开招标是指招标人通过公共媒体,以招标公告的方式,邀请不特定的法人或其他组织参与投标,又称为无限竞争性招标。

② 邀请招标是指招标人根据服务商的资信和业绩,以投标邀请书的方式邀请若干特定服务商、法人或其他组织投标,又称选择性招标、有限竞争性招标。

(2) 投标。投标是指投标人应招标人的邀请,按照招标的要求和条件,在规定的时间内向招标人递交投标书,争取中标的行为。

投标前,投标人首先要取得招标文件,经认真分析、研究之后编制投标书。投标书在法律上是一项有效期至规定开标日期为止的邀约,内容必须十分明确,其中必须包括中标后与招标人签订合同的主要条款。

(3) 开标。开标是指招标人在招标文件确定的提交投标文件截止时间和招标文件中预先确定的地点,当众启封投标书宣读内容的行为。开标是由招标人主持,邀请所有投标人来参加。为了保证开标的公正性,一般还会邀请相关单位的代表参加,比如邀请招标项目主管部门的人员、监察部门代表,还有一些招标项目可以委托公证部门的公证人员对整个开标过程依法进行公证。

(4) 评标。评标是指由招标人依法挑选符合条件的人员组成评标委员会,由评标委员会按照招标文件确定的评标标准和方法,对投标文件进行评审和比较,从中选出最佳投标人的行为。评标委员会一般由招标人代表相关技术方面的专家、经济方面的专家及其他方面的专家,如法律专家等组成,总人数必须为5人以上,并且是单数。

(5) 定标。定标是指招标人根据评标委员会提出的书面评标报告和推荐的中标候选人,确定中标人的行为,招标人也可以授权评标委员会直接确定中标人。如果招标人认为所有的投标都不理想,则可以宣布招标失败。

(6) 签约。招标人和中标人应当自中标通知书发出之日起30日内,按照招标文件和中标人的投标文件订立书面合同。

招投标时要准备详细的展会服务商招投标文件,如招标备案报告、招标公告以及招标邀请书等。这些文件的内容、格式等都有明确的要求,一定要按照要求准备招投标文件,遵从国家法律法规和职业道德,按照流程招投标。

任务9.2 展会服务商的选择

? 引导问题4:展会承建商有哪几种?应该怎样选择展会承建商?

_____
_____
_____

9.2.1 展会承建商的选择

展会承建商主要负责展会的公共环境布置和展会展位的搭建工作,不仅要对展会负责,还要对有展位搭建要求的参展商负责。展会公共环境和展位外观设计效果的好坏,在很大程度上会影响展会的整体形象和参展商的展出效果。展会承建商的任务不仅是切实满足有展位搭建要求的参展商的展位设计和承建需求,还要体现安全意识、服务意识、大局意识、美学素养和绿色环保发展理念,将参展商的展出理念艺术地体现在展位设计和搭建中,全面领会展会的办展目标和定位,在展会的公共环境、整体设计和布置中把握展会的整体形象。

1. 展会承建商的种类

根据展会承建商所承担工作的不同,展会可以选择不同类别的承建商。展会承建商主要有以下三类。

(1)负责展会整体形象和公共环境设计和布置的承建商,一般称为展会主场承建商。

(2)空地展位承建商又称特装展位承建商。空地展位是在展览场地里划出一定面积的场地,办展方不提供任何展具和展架。租用该场地的参展商需要自行设计和搭建。空地展位的搭建工作对承建商的设计和承建能力要求较高,如果没有相当的经验和技术力量,展会承建商将难以胜任这项工作。

(3)标准展位承建商。标准展位是由办展方统一设计,使用统一的标准,采用标准的展架,配备基本展具的展位。标准展位的面积一般是 3m×3m 即 $9m^2$,有些特殊题材的展览也有 $12m^2$ 或者 $15m^2$ 的标准。展位的搭建工作对技术方面的要求较低,一般的承建商也可以承担这项工作。

资料:展会承建商的选择标准和数量

2. 展会承建商的选择标准和数量

展会承建商的选择标准主要集中在五个方面。第一,展会承建商的技术是否全面。第二,展会承建商的经验是否丰富。第三,展承建商的价格是否合理。第四,展会承建商是否熟悉展览场地及其设施。第五,展会承建商是否能够提供展位维护和保养服务。

具体需要确定几家承建商,主要可从以下几个方面来考虑。第一,展会规模;第二,展览题材和数量;第三,承建商的能力和工作的难易程度。

❓ **引导问题5**:展会运输代理应如何选择?

9.2.2 展会运输代理的选择

微课:展会承建商及运输代理的选择

展会运输不只是运输展品,还可能要运输展架、展具、布展用具和道具、维修工具、宣传资料和招待用品等,同时运输人要有大局意识和责任担当,因为如果运输不当,就可能出现展会已经开幕了,物品却还未运到,或者物品在运输途中损坏或丢失,不论是哪一种情况,都会严重影响参展商的展出计划,损坏展会的声誉。

展览运输是一项专业性很强的工作,办展单位往往要指定一些专业的运输公司来负责展会的展品运输工作。展会运输代理的基本任务就是将参展商的展品、展具和宣传资料等安全及时地运到展会现场。如果是国际运输,还会涉及相关物品的报关和清关工作。

资料:展会运输代理的选择

展会运输代理是展会为方便参展商而为其准备的备选服务项目,不是参展商一定要选择的。如果参展商有能力或者有渠道可以自主安排展品及相关物品的运输,不一定非要接受展会安排的运输代理。

❓ **引导问题6**:如何选择会展旅游服务商?

9.2.3 展会旅游服务商的选择

参加展会的参展商和观众很多是商务人士。这些商务人士在展会开幕前后,有许多会希望去一些产业集中的地区或市场集中的地区,实地深入了解一下有关商品的信息和市场行情,或者到当地著名风景区去适度放松心情。为了提高客户对展会的满意度,充分体现会展职业人的服务意识,作为一种附加服务,展会有必要考虑如何满足参展商和观众对会展旅游的需求。

1. 会展旅游

会展旅游主要分为商务考察和观光休闲,参展商和观众对会展旅游的需求可能在展会开幕之前、展会进行之中,也可能在展会结束之后,一般来说会展旅游多在展会结束之后。参展商和观众对会展旅游的需求主要来源于两个目的,一个是商务考察,另一个是适当休闲。从总体上来看,展会开幕之前和展会进行之中的会展旅游,主要是商务考察;展会结束之后的会展旅游中,商务考察和观光旅游两者都有。

商务考察是以收集有关商品的市场信息、了解有关市场的行情为主要目的的商务旅行活动。参展商和观众对展会具有的贸易、展示、信息和发布四大功能的选择重点各有不同。如果参展商和观众觉得在展会上获取的东西还未达到他参加此次展会的全部目的,那么他们就有亲自到市场中去看一看的愿望,于是商务考察就应运而生。

商务考察的目的地一般有两种,一种是商品专业市场或大型的商场,另一种是商品的主要生产地或某些企业的所在地。前者主要是为了收集诸如商品销售价格、商品设计、消费者的需求和市场有关的信息,后者主要是为了了解企业的实力,了解生产技术和生产规模等与产业有关的信息。

观光休闲主要是为了放松心情,增长见识。观光休闲多集中在展会结束之后,以浏览风景名胜和文化古迹为主。

以观光休闲为主要目的的会展旅游和以商务考察为主要目的的会展旅游,在旅游线路的安排上有很大的不同。

2. 旅游服务商的选择

旅游服务商的选择主要应考虑以下几点。

(1) 要选择资质好、能力强的公司。

(2) 可以根据客户的来源或者旅游线路的不同,分别指定海外旅游代理和国内旅游代理。

(3) 考察旅游公司的接待能力、收费标准和个性化服务。

(4) 对于海外参展商和观众旅游,代理要能够安排好海外参展商和观众的旅游线路,提供海关、签证、交通指引、住宿选择、餐饮、语言翻译等多种服务。

❓ **引导问题 7**:如何选择会展餐饮服务商?

_____

_____

_____

9.2.4 展会餐饮服务商的选择

展会的现场餐饮服务重点是午餐和饮料,因为早餐和晚餐一般在酒店就

笔记

可以解决,绝大多数参展商和观众会在场馆用午餐,时间集中、人员比较多、场地有限,所以需要认真对待,而饮料的供应一般是在休息和洽谈的地方。所以选择展会的餐饮服务商,主要是解决午餐和饮料供应的问题。

在展会开幕期间办展方解决展会现场的餐饮服务问题一般有以下几种方式。

(1) 指定展会的餐饮服务商。

(2) 推荐展会周边的一些餐饮设施。

(3) 把以上两种情况结合起来,既有指定展会餐饮服务商,也推荐展场周边的餐饮设施。

引导问题 8:应如何选择接待酒店?

9.2.5 展会接待酒店的选择

选择展会的接待酒店,要根据参展商和观众需求的不同,高、中、低档酒店都要选择一些,以供展会参展商和观众选择。举办展会是一项有大量人员聚集的活动,小型展会的参展商和观众数量都会有好几千人甚至是上万人,那么大型展会的参展商和观众就会更多,如广交会仅海外观众就有二十多万人。在展会举办期间,如此多的人聚集在一起,吃、住、行都需要协调,尤其是那些对当地不太熟悉的外地参展商和观众,更需要办展方来协调和指引。所以酒店的合作,对于参展商和观众来说,是一项重要内容,良好的酒店接待能够提高参展商和观众的满意度。

选择好酒店后,与酒店签订合作协议,可以拿到比市场价更优惠的价格,为参展商和观众提供住宿服务。注意要将协议酒店的价格、地点、联系人和联系方式、交通距离、场馆的距离等基本信息及时告知参展商和观众。还要制订展会客户订房申请表,预估展商和观众的入住人数和时间,这样更有利于预订酒店。

为展会指定接待酒店,对于办展方、酒店、参展商和观众来说是一个多赢的选择。因此,会展人需要培养共赢思维、资源整合思维以及借力思维。对于办展方来说,由于有些参展商和观众并不需要旅游服务,他们会自己选择交通工具来参加展会,有了指定的接待酒店,住宿等问题也就迎刃而解,这样可以解除他们的后顾之忧,也有利于吸引更多的参展商和观众。对于酒店来说,成为展会的指定接待酒店也意味着有了大量的客源。对于参展商和观众来说,在这些指定接待酒店住宿,安全有了一定的保障,而且价格比市场价格要低。所以说为展会指定接待酒店是一个多赢的选择。

微课:旅游服务商、餐饮服务商及酒店的选择

任务9.3　展会开幕式、证件及观众管理

引导问题9：展会开幕式管理包括哪几个方面？开幕式现场如何管理？

_____
_____
_____
_____

微课：展会开幕式及现场观众管理

9.3.1　展会开幕式现场管理

1. 展会现场布置

（1）展馆外。这里要布置好展会背板、门楼或展览会横幅，并在背板上写上展会名称、开放时间和展会的主办、承办、支持单位等办展机构的名称。布置好现场飘空气球或其他广告牌等，此外，表演场地也要安排好。

（2）展馆序幕大厅。序幕大厅要布置好展馆、展区和展位分布平面图，各服务网点分布图，各参展企业及其展位号一览表及名录牌，展会简介牌，展区参观路线指示牌，展会宣传推广报道牌，展会相关活动告示牌等。

（3）各展馆。除参展商展位外，还需布置各展馆（展区）的主要展览内容指示牌、参观路线指示牌、本展区服务网点指示牌、至其他展馆（展区）的路线指示牌、本展区参展企业及其展位号一览表等。

（4）展台搭建管理。

（5）其他设置。

VIP（very important person）接待：展会嘉宾休息室或会客室，除配备茶水、咖啡、点心等，还可放置展会介绍资料，或配备专门的服务人员或者翻译。

联络咨询服务中心及各展区的联络咨询服务点：安排专门人员负责接待和联系客户，现场处理和回答客户的有关问题。

此外，在开幕式开始前，开幕式负责人应当与舞台搭建方协商，做好开幕式现场灯光、音响、礼花等设施设备的准备；与主持人、礼仪人员以及设备控制人员协调，做好开幕式各个环节时间点的把控；核实实际到场嘉宾的信息与座次，及时与主持人更新嘉宾信息。

2. 媒体接待与管理

现场要设置新闻中心，除配备计算机、传真机、写字台、纸笔等设施外，还要关注细节，配备茶水、咖啡以及点心等，放置展会介绍资料以备媒体人员参考。注意，新闻中心仅供媒体有关人员使用，除非被邀请。

开幕式信息发布通稿是办展方向展会嘉宾以及社会公众介绍展会、展示展会亮点的重要渠道，奠定了展会在与会嘉宾以及媒体记者心中的第一印象，

笔记

也是媒体报道的基本素材,所以开幕式的新闻通稿定位需得当,通过醒目的方式将展会的亮点和特点展现在与会嘉宾的面前,同时对展会各个方面做全面、系统的介绍。为提高展会新闻报道的准确性,组展方还可以发放统一制作的"新闻袋",里面包括会展开幕新闻通稿、展会背景介绍、展会特点介绍、展会有关数据、展会相关活动安排计划、展会会刊、展会参观指南及一些小礼品等,以提高展会新闻的全面性和吸引性。

此外,要安排对展会情况非常熟悉的人员负责新闻记者的接待和联络工作,有意识地组织、引导和安排各新闻媒体对展会进行新闻报道,根据专业媒体或大众媒体的不同需求提供不同的展会材料,并及时收集整理各种采访报道。

3. 展会开幕式

(1) 开幕时间和地点。开幕时间不宜太早,持续时间不宜太长,地点一般可安排在展馆广场上,要适当考虑相关表演活动的场所和时间。

(2) 出席开幕式的主要嘉宾。嘉宾有行业主管部门官员、行业协会与商会的领导、外国驻华机构代表及有关人员,要落实嘉宾名单并多方沟通,告知准确的时间和地点,做到专人负责接待,准备签到簿,事先安排嘉宾在开幕式上的次序及站位,并与礼仪人员进行协调。

(3) 开幕式讲话稿和新闻通稿。开幕式讲话稿和新闻通稿选题定位既要适当,又要突出展会的时代主题,明确列出本展会的特点和亮点,列出全面翔实的数据,可以附加背景资料,如嘉宾名单、展会行业背景和展会有关图片等。

(4) 开幕式的确定。可以采用适合的开幕方式,确定详细完备的流程。

4. 开幕酒会

开幕酒会的作用主要是联络感情、加强沟通,地点选择可以考虑酒店档次、接待能力、便利程度、安全因素等,时间一般为晚上,不宜太早也不宜太迟。酒会方式可选择自助餐或围餐,可以在开始前安排致欢迎词、领导简短讲话、播放音乐或安排表演。注意要制订完备的计划,全面兼顾出席人员。

开幕式期间要有安全意识,做好现场秩序的管理。由于开幕式现场人流密集,同时聚集大量的重要嘉宾,因此需要联合展馆安保人员,做好现场秩序维护及重点嘉宾的安保工作。也要有危机意识,注意控制突发事件。开幕式负责人还应该根据活动进度把握各环节的时间点,对于现场各类突发情况需要及时与现场工作人员进行协调和解决。

💡 **引导问题 10**:展会现场的证件和文件主要有哪些?

_____

_____

_____

9.3.2 展会现场的证件和文件

1. 展会现场证件与门票

展会现场主要有如下证件。

(1) 参展商证,展会期间供参展商进出展馆使用。

(2) 筹(撤)展证,供展会布展、撤展时相关工作人员使用。

(3) 专业观众证,在填写"专业观众登记表"后获得。

(4) 贵宾证。

(5) 媒体证。

(6) 工作人员证。

(7) 车证。

(8) 观众门票。

2. 展会参观指南与观众登记表

(1) 参观指南是用来指引观众参观展会的一种册子,包括展会的基本情况、展会的简短介绍、展区和展位的划分、有关图表等内容。

(2) 观众登记表是用来收集专业观众信息的一种问卷调查表,是进入展馆参观的"专业观众证",包括问卷调查问题和联系方式,问题涉及观众所在单位的业务性质、观众感兴趣的产品、参会目的、在产品购买中的角色、了解展会的途径等,常常通过网站或移动互联网进行预登记。

3. 会刊的编印与发放

会刊信息内容包括单位名称、地址、联系人、联系方式、单位及产品简介、产品面向市场范围、参展商的展位、展区展位平面图、广告夹页等,编印时要求参展商在规定时间内,及时提供详细、全面、准确的信息,仔细核对。

会刊发放方式有以下两种。

(1) 免费赠送。其主要针对行业协会和商会、参展商或部分专业观众。

(2) 定价出售。其主要是出售给展会的专业观众。

❓ **引导问题 11**:观众登记及应注意的问题有哪些?

_____

_____

_____

9.3.3 观众登记及应注意的问题

(1) 专业观众登记柜台可设置于序幕大厅或专门的观众进馆大厅,同时可设二维码读码观众通道,进行分类管理。

可分为"持有邀请函观众登记台"和"无邀请函观众登记台",提高登记效率,减少等候时间,也利于录入观众资料,利于展会客户管理。也可以在发放邀请函时将观众一一编码,观众到达现场时只需读取号码即可知道该客户信息,提高效率。还有展会在专业观众证上印上二维码、条形码,观众每次进出展馆时都需要用读码机读一次码,这样可以掌握观众进出展馆的次数和停留时间,还可以控制展馆的人流量,不至于太过拥挤。

(2)观众登记时注意专人负责,维护展览会入口的秩序,确保每一位专业观众都能畅通、便捷地进入展览会现场。

(3)要做好参展观众的统计。通过观众登记获得的资料还是展会客户数据库信息的重要来源,不仅可以准确更新和补充数据库信息,还是展会进行客户分析的一手资料,对展会改善客户关系管理和调整宣传推广策略有重要的作用。

任务9.4 展会布展、展会期间及撤展管理

❓ 引导问题12:如何进行展会布展管理?

9.4.1 展会布展管理

资料:展会布展管理

微课:展会布展管理

当展会招展和招商工作接近尾声、展会开幕日期临近时,办展方就要在展览馆里进行布展。所谓布展,从参展商的角度看,是指参展商为准备展览而在展会开幕前对展位进行搭装、布置和将展品陈列在展位上的系列工作;从展会的角度看,是指对展会现场环境进行布置和对参展商的有关工作进行协调和管理。

展会布展是展会开幕前的现场筹备工作,一般在展会开幕前几天进行。不同题材的展会需要的时间不同。有的展会布展时间很长,如汽车展和大型机械展,布展往往需要1个星期;有的展会布展时间很短,如消费品展布展常常只需要2天。展会布展时间的长短主要取决于展览题材及展品的复杂程度。展会规模的大小对布展时间也有一定的影响,展会规模越大,需要的布展时间往往越长。对于一般的展会,布展时间常常在2~4天。

根据国内对展会的管理规定,办展方需要到工商、消防、安保和海关等部门办理有关手续后才能开始布展,因此要遵从政策法规的规定,按照需要办理工商报批、消防报批和备案、安全保卫报批和备案、海关报批和备案等手续。另外,如果展馆位于城市的中心地带,有些城市还需要办理外地车辆进城证,

以方便外地企业运送展品到展会现场布展。

展会布展正式开始后,办展方要对布展工作进行全面协调和管理,包括展位画线、展馆地毯铺设、参展商报到和进场、展位的搭建和协调、现场施工管理和验收、海关现场办公、展位楣板的制作安装和核对、现场安全保卫工作、消防和安全检查、现场清洁和布展垃圾的处理等。

上述布展工作结束后,展会的现场布置基本就绪。布置好展会的开幕现场、序幕大厅、观众登记处、展会相关活动现场和其他服务网点后,就可以按计划举行开幕式,对外正式宣布展会开幕。

引导问题13:展会期间现场工作主要有哪些?

_____

_____

_____

9.4.2 展会展览期间的现场工作

展会开幕后,就进入展览期间的现场工作阶段,这是展会最重要、最关键的阶段,展会前期的所有准备工作都是为了这个时期的工作能顺利进行。办展方的办展目标、参展商的展览目标和观众的参观目标主要在这一阶段得到实现,这一阶段的工作直接决定展会举办得成功与否。

展会展览期间的现场工作主要包括参展商现场联络和服务,观众登记和服务,公关和重要接待活动,媒体接待与采访,展会相关活动的协调管理,现场安全保卫工作,现场清洁,有关信息的收集与整理,与场地部门进行结算,与有关方面商谈下一届展会的合作与代理事宜,为下一届展会招展预订展位等。

展会展览期间的现场工作涉及的面很广,办展方一定要事先周密布置,仔细安排,责任到人,确保每一项工作都有专人负责,使每位工作人员分工合理、责任分明、团结协作,共同管理好展会的现场工作。

资料:展会展览期间的现场工作

引导问题14:展会现场如何保护知识产权?

_____

_____

_____

9.4.3 展会现场知识产权的保护

展会开幕前后,办展方往往会邀请有关知识产权保护部门在展会现场设立专门的"知识产权保护办公室",负责处理参展商有关知识产权方面的侵权投诉,处理可能出现的侵犯知识产权的事件。对于被投诉侵犯知识产权的展

笔记

品,办展方一般会暂时禁止其展出;如果该产品被证明侵犯了知识产权,办展方将禁止其展出。办展方一般只负责配合各参展商保护自己的知识产权,协助解决知识产权方面的纠纷;对于某些参展商的知识产权被一些参展商侵犯,办展方不负具体责任,侵犯知识产权的责任由具体参展商承担。

引导问题15:展会撤展工作主要包括哪些?

_____

_____

_____

9.4.4 展会撤展管理

微课:展会撤展管理

当展会按计划天数展览完毕以后,展会就要准备闭幕,展会闭幕标志着本届展会正式结束。然而,展会闭幕并不意味着展会现场工作就此结束。展会闭幕后,展会的撤展工作还需要办展方的大力介入,进行必要的管理。

撤展工作主要包括展位的拆除、参展商租用展具的退还、参展商展品的处理和回运、展品出馆的控制、展场的清洁和撤展安全保卫等。

1. 展位的拆除

展览完毕,各参展商的展位要安全拆除,恢复展览场地原貌。展位的拆除工作一般在展品取下展架后才进行。如果参展商使用的是标准展位或者委托施工的展位,展位的拆除工作一般由承建商负责;如果参展商使用的是自己施工搭建的展位,展位的拆除工作就要由参展商负责。展位的拆除工作有时比布展工作更为复杂,也更为危险。办展方要监督各参展商或承建商按规定的程序拆除展位。

2. 参展商租用展具的退还

展览完毕,各参展商临时租用的展具要及时退还展馆服务部门或者各承建商。如参展商在退还展具时和展馆服务部门或承建商之间出现问题,办展方可以从中协调。

3. 参展商展品的处理和回运

展会结束后,参展商的展品有四种处理办法,即出售、赠送、销毁和回运。有些展会不许现场出售展品,这时参展商就不能在展览结束后将展品出售给观众;参展商可以将展品赠送给客户、当地代理商或其他有关人员。如果某些展品不便赠送或者参展商不愿出售和赠送,往往就地销毁;对于一些价值较大又无法现场售出的展品,参展商往往要将展品运回。

4. 展品出馆的控制

为了保证所有出馆人员带出展馆的是自己的物品,展览期间及展会结束后,办展方要对所有的出馆展品进行查验后才予以放行。展会对出馆展品实行"放行条"控制。对于需要出馆的展品,相应的参展商要向展会申请"放行条",办展方查验展品与"放行条"一致后才准许其出馆。

5. 展场的清洁

撤展时往往会比布展时产生更多的垃圾,对于这些垃圾,办展方或其指定的承建商要及时处理。不要在展会结束后在展馆内留下大量的垃圾,也不要弄脏展场地面和其他有关设施。

6. 撤展安全保卫

撤展时往往比较杂乱,办展方不要松懈撤展现场的安全和消防保卫工作。

撤展工作是在展会闭幕后进行的,但撤展管理的准备工作要在撤展前就绪,这样才能保证撤展工作有条不紊地进行,不然撤展工作就可能出现混乱。

任务 9.5　展会现场管理方案及参展商手册

? **引导问题 16**:如何制订展会现场管理计划方案?

_____
_____
_____
_____

9.5.1　展会现场管理方案的制订

展会现场管理方案对于成功举办展览至关重要,展会现场管理将影响专业观众和参展商对展会的满意度,也会影响整个展会的质量。为了能够做好展会现场管理工作,需要制订详细的现场管理方案,保障现场管理工作的顺利实施。展会现场管理内容有很多,展会现场管理方案对于展会的举办至关重要。

资料:展会现场管理方案的制订

展会现场管理方案一般包括观众登记和入场管理、展会现场广告管理、参展商行为管理、安全管理、展会设备设施管理、媒体的接待和管理、交通、物流管理、餐饮管理、证件管理、参展商和观众投诉处理、新闻管理、知识产权保护工作、现场保洁管理、布展管理、展台清洁、撤展管理、配套服务管理等。

? **引导问题 17**:如何编制展会的参展商手册?

_____
_____
_____
_____

笔记

9.5.2 参展商手册的编制

资料:参展商手册的编制

参展商手册是将展会筹备、开幕以及参展商参加展会时应注意的问题汇编成册,以方便参展商做好参展准备的一种小册子。参展商手册不仅是帮助参展商进行参展筹备的纲领性文件,也是办展单位对展会布展、展览和撤展等各环节进行有效管理的指导性文件。参展商手册主要包括前言、展览场地基本情况、展会基本信息、展会规则、展位搭装指南、展品运输指南、会展旅游信息、相关表格等。

参展商手册编制好后,可以印刷出来,在展会开幕前选择适当的时间寄给参展商,也可以将其发布到展会的专门网站上供参展商阅览和下载。如果有海外参展商,还要将参展商手册翻译成外文。

 任务目的

通过学习展会服务商种类、服务商的选定及现场管理工作相关知识,并运用到展览项目策划中,掌握展会服务商的选定、现场管理计划的制订并编制参展商手册,锻炼实际应用能力,培养团队合作精神,提升职业素养,增强职业自信心。

 任务名称

制订本展会的展会现场管理计划并编制参展商手册。

任务分组

班级		小组名称		指导教师	
组长		学号		分工	
成员		学号		分工	
成员		学号		分工	
成员		学号		分工	
成员		学号		分工	
成员		学号		分工	

 任务实施

1. 活动要求

(1) 由教师联系实际展会或者模拟展会并进行分工,分组进行,每组3~5人。

(2) 小组认真讨论,明确分工,合作完成分配的现场服务与管理计划的制订、参展商手册的编制工作。

(3) 小组讨论交流后总结,与教师进行讨论,提交心得体会。

2. 活动步骤

（1）分组，确定分工、明确工作职责。
（2）认真熟悉每一项工作流程和要求。
（3）小组讨论、整理思路，得出结论。
（4）认真完成分配的工作任务。
（5）小组讨论交流总结，完善修改，提交任务成果。

任务评价

小组自评、小组互评与教师评价相结合。自我评价占10%，小组成员组内互评占10%，小组互评占10%，教师评价占70%。任务评价表如表9-1所示。

表 9-1　任务评价表

班级		组名		日期				
评价点	评价要素	分值	自我评价	组内互评	组间互评	教师评价	总评
能力目标1	能运用、分析、综合并评价展会服务商的选定；能根据实际情况正确、合理选择展会承建商、运输代理、餐饮供应商、接待酒店等服务商	15					
能力目标2	能运用、分析、综合并评价展会开幕式管理工作、现场管理工作等；开幕式形式及内容完整、翔实	15					
能力目标3	能运用、分析、综合并评价展会现场管理、编制参展商手册；参展商手册适用、规范、内容完整	20					
素质目标1	具备关注民生、社会担当、助力行业、经世济民、胸怀天下的家国情怀和职业自豪感，激发从事会展行业的职业理想	10					
素质目标2	具有展览策划与管理职业所需的尽职、敬业、勤勉、负责、合作、匠心的职业素养；具有良好的信息素养，能有效利用网络资源、工作手册等查找案例、有效信息；能将查找到的信息有效转换到工作中	8					
素质目标3	养成会展策划师和会展职业经理人应具备的吃苦耐劳、恪守信用、讲求效率、尊重规律、崇尚卓越的职业态度；工作计划、工作流程符合规范要求；获得进一步发展的能力；能按要求完成任务，精益求精，不断完善；评价公正、客观	8					

续表

笔记

评价点	评 价 要 素	分值	自我评价	组内互评	组间互评	教师评价	总评
素质目标4	选定服务商时遵纪守法,有法律意识,严格遵守招投标流程及工作要求;现场管理工作具有知识产权保护意识;具有安全意识	8					
素质目标5	具有分工合作、团结协作的团队精神;能够倾听、团队合作、分享,与教师、同学之间相互尊重、理解;与教师、同学之间能够保证多向、丰富适宜的信息交流;选择服务商时具有共赢思维、大局意识	8					
素质目标6	养成自主学习、自我培养、自我认知和自信的性格与品质;探究学习、自主学习不流于形式,处理好合作学习和独立思考的关系,做到有效学习;有良好学习习惯,全过程参加学习和任务,提交任务及时、规范	8					
总分		100					
有益经验							
总结反思							

任务拓展

通过参与展会现场观众登记管理、展商接待管理、现场安全管理及其他服务工作,全面认识会展项目现场实际工作场景,锻炼实际应用能力,培养劳动精神、团队合作精神,提升职业素养,增强职业自信心。

项目小结

本项目主要学习了展会服务商种类、服务商的选择流程及选定,同时对展会现场管理工作知识有了全面的了解,在学习过程中培养学生学以致用的能力,将服务商及现场管理工作要求运用到展览项目策划中,能够进行展会服务商的选定、现场管理计划的制订并编制参展商手册,体现会展职业人的服务意识、工匠精神。

 知识测评

资料:展会服务商及
现场管理知识测评

项目 10　数字展会及应用

知识框架

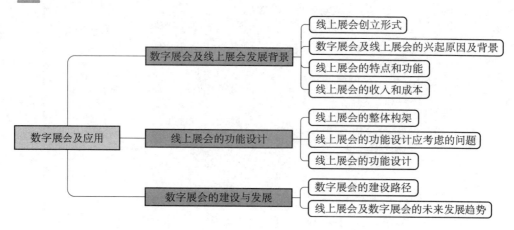

教学重点

线上展会的特点；线上展会的功能设计；数字展会建设路径。

教学难点

线上展会的特点；线上展会的功能设计；数字展会建设路径。

学习情境描述

2022 年第 20 届 ChinaJoy 延期举办，线上展 8 月底亮相

6 月 1 日，中国国际数码互动娱乐展览会组委会发布公告：原定于 2022 年 7 月 29 日至 8 月 1 日在上海新国际博览中心举办的第二十届中国国际数码互动娱乐展览会（简称 chinajoy）线下展延期举办。

为顺应国家大力发展数字经济的新形势和新要求，探索新型展览方式，组委会表示，将搭建、构筑 chinajoy 线上展（简称 cjplus）平台，2022 年中国国际数码互动娱乐展览会线上部分将于 8 月 27 日至 9 月 2 日举办。同时，组委会将按照线下展会标准和流程，做好线上参展展品的内容审查。

组委会称,希望数字娱乐产业及相关行业企业积极参加 chinajoy 线上展,集中展示具有中国特色的优秀数字娱乐产品、产业前沿的研发成果及高水平技术应用,通过"元宇宙数字世界""数字孪生"等全新呈现方式,为终端用户奉献一场科技与娱乐、互动与社交全面融合的精彩盛宴。

(资料来源:https://sghexport.shobserver.com/html/baijiahao/2022/06/04/761009.html.)

为了满足市场需要,很多展会采取线上形式或者线上线下相结合的形式。线上展会的发展已势不可当。2020 年 4 月 14 日,中国通过线上形式举办的首个国际性展会——中国—拉美(墨西哥)国际贸易数字展览会在中国贸促会礼堂举行网络开幕式。2020 年德国杜塞尔多夫国际医院及医疗设备用品展览会原本于 9 月举行,11 月中旬改为线上举行。此后越来越多的展会选择线上形式举行。

学习目标

知识目标
(1) 记忆并理解线上展会的概念、兴起原因和特点。
(2) 记忆并理解线上展会的功能设计。
(3) 记忆并理解线上展会的建设路径。

能力目标
(1) 综合、分析、运用线上展会创立形式及特点。
(2) 综合、分析、运用线上展会的功能设计和建设路径。
(3) 综合、分析、运用数字展会的商业模式构建。

素质目标
(1) 增强学生的使命感,利用线上展会搭平台、促行业发展,立足民生建设,为贸易复苏和数字展会的发展贡献会展人的力量,培养社会担当、助力行业、经世济民、胸怀天下的家国情怀。
(2) 培养学生不怕困难、勇于创新、追求卓越的劳模精神和勤勉、负责、匠心的职业素养。
(3) 具有良好的信息素养,能有效利用网络资源、工作手册等查找案例、线上展会、数字展会发展及发展趋势的有关信息。
(4) 培养痛点思维、商业模式思维和创新创意精神,具有创新创意思维、商业模式思维、系统思维以及成本意识、效益意识、分工合作意识、时间和效率意识。
(5) 具有分工合作、团结一心的团队精神;能够倾听、团队合作、分享,与教师、同学之间相互尊重、理解;与教师、同学之间能够保证多向、丰富适宜的信息交流。
(6) 养成自主学习、自我培养、自我认知和自信的性格与品质;探究学习、自主学习不流于形式,处理好合作学习和独立思考的关系,做到有效学习。

笔记

任务 10.1 数字展会及线上展会发展背景

? 引导问题 1：什么是线上展会？线上展会有哪几种创立形式？

_____
_____
_____

10.1.1 线上展会创立形式

线上展会是指参展商通过互联网的虚拟空间展示产品，观众可以在网上参观和交流的展会，也称虚拟展会或者网上展会。线上展会的创立形式有以下两种。

1. 关联创办

关联创办是指线上展会依托原有的线下展会而设立，如线上广交会、服贸会、德国线上杜塞尔多夫国际医院及医疗设备用品展览会等，目前国内外现有线上展会很多属于关联创办。

2. 独立创办

独立创办是指之前并无线下展会，单独设立线上展会，如中国—拉美（墨西哥）国际贸易数字展览会。

资料：中国境内线上展基本情况

由于线上展会自身的特点，部分线上展会由固定时段举办逐步转为长期举办，展会举办时间逐渐延长。而长期举办的线上展会，升级方向基本是成为某一行业的门户网站或数字化营销平台。

此外，从国内的案例来看，2020 年以来的线上展会可以分为"多对多"与"少对多"两种。所谓"多对多"，是指线上展会的参展商和观众都很多，如网上广交会；所谓"少对多"，是指线上展会的参展商很少而买家较多。

? 引导问题 2：线上展会的兴起原因和发展背景有哪些？

_____
_____
_____

10.1.2 数字展会及线上展会的兴起原因及背景

数字展会是一种互联网技术和思想下的新型会展生态圈和展示方式，其本质是以互联网为基础，将云计算、大数据、移动互联网技术、社交社群、会展产业链中的各个实体一体构建一个数字信息集成化的展示空间，从而形成全方位、立体化的新型展览和服务模式。数字展会及线上展会的兴起主要受移动互联网的发展、科学技术的发展、企业需求的变化、政策的影响等几个因素的影响。

资料:数字展会及线上
展会的兴起原因

微课:数字展会及线上
展会的兴起原因及背景

引导问题 3:线上展会的特点和能实现的核心功能有哪些?

10.1.3 线上展会的特点和功能

线上展会有四个特点,即云展示、云引流、云互动、云洽谈,这也是线上展会的核心功能。

线上展会的本质是对线下展会四个核心场景优化或者新的展示形式的呈现,是对线下展会某种场景的复刻并加以优化。线上展会是通过一些数字营销技术,把主流的外部资源通过营销引流的方式引到线上展会平台;通过在线直播、如视频、人工智能客服等高效实时实现观众和卖家之间的云互动;通过一对一甚至一对多的精准对接会等,以语音或者视频的方式实现卖家和买家的在线洽谈。

引导问题 4:线上展会的收入和成本与线下展会有什么不同?

微课:数字展会及线上展会的特点

10.1.4 线上展会的收入和成本

与线下展会相比,线上展会在成本和收入来源方面均有所不同。

线下展会的成本主要有场馆租赁、人员成本、营销成本、展会运营等,而线上展会的成本主要有平台建设费用、平台运营和维护费用、人员以及客户培训费用和营销成本等。

线下展会和线上展会在收入方面的区别也比较明显。对于线下展会来说,收入主要来源于展位费、门票、广告、赞助、配套活动的收入等,主要取决于展会面积、展商数量、观众数量等。线上展会的收入主要来源于数字化展位、数字化广告、预约配对服务、发布会直播平台、平台服务收入及营销流量收入、展商入驻数量和注册采购商数量以及会员服务收入等。

笔记

任务 10.2 线上展会的功能设计

? 引导问题 5：线上展会的整体架构应如何设计？

10.2.1 线上展会的整体构架

做线上展会功能设计之前，需要先搭建线上展会的整体构架，在此构架的基础上，再做功能设计。

线上展会的整体构架主要涉及以下五个方面。一是线上展会的用户群，如主办方、参展商、观众、媒体、嘉宾等。二是应用场景，即这些用户哪些场景需要线上展会来满足，如线上开会、在线展示、在线洽谈、会务管理等。三是创新科技的应用服务，如自由切换的视角、虚拟会场、全息投影、3D、AR/VR（增强现实/虚拟现实）等。四是应用系统，即在底层系统如安卓系统的基础上开发的系统，如在线上展会平台中开发的会议系统、展览系统、洽谈系统、门户系统、管理系统、数据系统等。五是底层平台。因为开发的系统和应用要实际运用的话，必须有底层基础设施，此时必须充分发挥借力思维，对接腾讯云、腾讯会议等直播平台的云服务，还有人工智能客服、手机校验码、视频连线等。因此，设计线上展会的整体构架时，要有宏观意识、大局意识和系统思维，应从用户群、应用场景、应用服务、应用系统以及底层的基础设施平台如何对接这五个维度进行考虑。

? 引导问题 6：线上展会的功能设计应考虑哪些方面的问题？

10.2.2 线上展会的功能设计应考虑的问题

线上展会功能设计时要考虑的问题主要有以下几个。

（1）支撑人员，即一线的操作人员，也是线上展会管理后台的负责人员，需要创建资料、选模板、建展厅等，这些是线上展会的框架，并生成这些管理系统的管理账号。此时一定要做好这些账号管理人员的运维技能培训、安全意识及职业道德培训，把好安全关，保障线上展会的数据安全和运营网络安全。

（2）项目组，支撑人员可以理解为系统管理员，具体到某个展会的项目组，其核心功能是项目组人员要具体为其负责的展会做独立管理,以及做一些项目配置,这个过程可以称为生成展会。

展会生成后要考虑两个端口,即企业端和观众端。企业端就是展商端,展商负责发布企业信息、展品甚至 3D 产品、管理企业素材。观众端主要具有参观、了解、咨询的功能。

(3) 云展建模,即利用模块化建模素材库,通过拖、拉、拽的方式,生成一个 3D 展台。

(4) 第三方插件,如在线客服、视频会议、直播等一般都不是展会开发的,因此需要发挥借力思维,可直接调用第三方的成熟插件。

? 引导问题 7:线上展会的功能应从哪些方面进行设计?

10.2.3 线上展会的功能设计

在具体的功能设计上,要站在客户的角度,解决客户需求痛点,具有服务意识,充分考虑不同客户的不同需求。线上展会的功能主要包括展商功能、观众功能以及主办方功能,如展商的展示、直播、买家推荐功能;观众的身份识别、注册、发布需求、在线预约、沟通功能和展会主办方的数据统计功能。

资料:线上展会的功能设计

任务 10.3 数字展会的建设与发展

微课:线上展会的功能设计

? 引导问题 8:数字展会的建设路径有哪些?

10.3.1 数字展会的建设路径

商业化程度较高的数字展会建设一般分为三个阶段。

1. 构建数字化营销场景

首先把线下展会的展示、引流、撮合和交流四个核心场景搬到线上,然后优化,实现核心场景数字化、展会永不落幕。第一个核心场景是展示,现场展会主要的功能就是展示。第二个核心场景是引流,线下引流是主办方进行各种宣传推广,线上引流也是一样。第三个核心场景

微课:构建数字化营销场景

是撮合,撮合参展的企业找到想见的观众,帮助观众找到想看的技术、想看的产品和想看的企业。第四个核心场景是交流,线下是面对面交流,线上是屏对屏交流,线上展会应尽可能让展商和观众的交流更加便捷。

这一阶段主要是以上四个核心场景的线上化,核心目的是为参展企业打造一个数字营销阵地。作为线上展会,这个平台会提供营销工具、客流来源、采购平台、撮合平台、资讯平台五个功能,对应企业的营销场景,就可以看有哪些可以放在线上举办,如企业的品牌宣传活动、渠道活动、新品发布会、线上展厅营销、直播、在线洽谈等。此外,还有一些客户需要验厂,就可以把 VR、3D 作品搬到线上,甚至连上直播。

在引流层面,可以采用客户思维、痛点思维,制定客户旅程管理。线上用户来到云展会平台系统推荐的企业和展厅时,会有一个用户旅程。第一,观众要先获知,这在线上展会的功能设计上即引流。第二,假如观众有兴趣,才会产生转化。第三,评估,评估即用户评价,给用户制造价值点,体现价值主张思维。第四,体验,只有到体验即注册这个环节的时候,才能实现从公域流量向私域流量的转化,这时候就到了用户是否采购的时候,就会进入线上展会平台。通过平台设计的营销工具、客流来源、采购平台、撮合平台以及资讯平台这五大功能影响观众,使其与参展企业产生采购或者贸易行为。这就是一个完整的客户旅程。

有了这五大功能,围绕着数字营销活动、线上活动,帮助参展企业管理客户、影响客户,让尽可能多的观众知道、有兴趣来体验、注册,实现采购或者建立联系的目的。这样数字营销阵地就具备了初步的功能。

2. 运营流量,盘活阵地

微课:流量的运营及行业数字营销广场的构建

线上展会分四个场景实现引流。第一个场景是有人主动搜索。第二个场景是如果平台判断有潜在客户,会推荐广告。第三个场景是熟人唤醒,即已经有一部分观众、展商或者嘉宾报名了,主办方以此为基础进行二次传播。利用这些熟人去做二次裂变,就是熟人唤醒。第四个场景是靠私域经营,即主办方已经有数据库和社群,运营社群。运营社群时要注意,第一是做内容,第二是营销自动化,通过技术的力量,让整个营销旅程实现自动管理,如到哪个节点推什么内容、潜在客户有什么反馈、利用人工智能客服等,持续影响潜在客户,激活私域流量。

3. 构建行业数字营销广场

从现阶段来看,不能一直做线上展会,要建一个面向整个行业、为行业提供整合营销服务的平台,这种垂直行业的数据营销服务平台可称为数字营销广场。线下展会也是这个平台的一部分,是线下流量的入口,也是线上流量的入口,为这个行业提供服务。

例如,第 26 届哈尔滨种业博览会暨哈尔滨农资博览会、哈尔滨农业机械设备展,作为目前国内展示规模最大、展出品类最多的专业型展会,已成为农资人首选的资讯交互、技术共享、产品获取、贸易对接的综合性平台,2020 年组委会搭建了种贸通平台，助力参展企业进行线上品牌推广、产品展示以及线上线下全渠道贸易对接，共组织直播活动 20 余场，覆盖经销商 30 万人次，为参展企业打造"线上＋线下""全年＋展期"的年度营销推广模式，通过线上展示、直播互动、线下展会三位一体的方式，帮助企业提升品牌影响力，快速对接精准客商。2021 年种博会采购商俱乐部再度升级，打造全行业供需搜索引擎平台，聚焦产品、聚焦对接，为经销商提供高效、精准、全面的行业信息交互社群空间，以行业最真实的供需数据，为经销商、企业提供精准匹配。

很多展会最终是以这种数字会展平台为支撑，打造一个线上线下相互助力的双线平台。线上展示全年不间断地为整个垂直行业提供数字营销工具，线下是一个展示和洽谈平台。线下强调面对面、现场感，线上强调流量的扩大、时间的延长，这样就会相互导流。主办方提供的服务既有展期的线下展，也有非展期的线上平台，促进线上线下融合发展，打造数字展会。

案例：西部文博会
线上展会建设案例

微课：西部文博会
线上展会建设案例

引导问题 9：线上展会未来发展趋势如何？

_____
_____
_____

10.3.2 线上展会及数字展会的未来发展趋势

线上展会及数字展会经过不断发展演变，最终可能变成一个产业的数字化服务平台。其发展过程可以分以下四步。

（1）做展会场景的在线化，就是把四个核心场景搬到线上，这也是目前市面上线上展会的一个核心功能。

（2）做精准的对接服务，基于线上平台提供的工具进行运营，在更多的维度上、更多的场景下、更多的时间内服务客户，而不是单一强调项目可以满足客户某一时间或者某一空间的需求，要着眼于如何深度满足一个族群所有时间段和所有场景下的需求。通过精准对接和服务打造标杆运营流程。

微课：线上展会及数字展会未来发展趋势

（3）变成一个行业数字营销服务平台。例如，从线上种子展到种贸通转变的一个过程即是把其高度场景化，并提供营销工具，利用数据，提供内容服务，组织引流等，将这个平台打造成一个行业数字营销平台，从

笔记

而更好地为种子行业提供助力,更好地促进农业发展、乡村振兴和民生建设。

（4）通过设计的各种营销套餐,把这个行业数字营销服务平台变成产业数字化服务平台。这个数字化服务平台不仅解决了营销问题,还包括技术的对接、社交的对接、资本的孵化等,形成整个产业的数字化平台,可以为整个产业的企业提供数字化赋能,这就是整个数字化的过程。

从目前情况看,线上展会也确实在朝着这个方向发展,即由一个单纯的组展企业变成一个整合营销服务企业,这就是线上展会向数字展会发展的趋势。

作为线上展会的提供者,无论是主办方还是线上展会技术服务提供商,都需要具备一站式能力,既要有技术能力,也要有服务能力,包括软件能力、创意能力、内容生产能力、营销能力、线下服务能力等。一个展览的核心是主办方、观众、参展商和参会者,此外展会还可以带动周边场馆、商旅服务、物流搭建、主场、IT（信息技术）、推广等,注意IT和推广是重点,而且一定是一站式的。

线上展会如果最终要成为全场景的数字营销平台,一定要找到一条落地的主路径,当一个人从陌生人变成客户的时候,这中间有一系列的过程,先从陌生人变成现场展会的访客,然后变成企业或者主办方的潜在客户,最后变成成交或者愿意来的客户,最后变成回头客。在这个过程当中,主办方的推广能力、IT能力要根据每一阶段对应的工作适当嵌入进去。主办方提供一系列服务让陌生人从潜在客户变成客户,最后通过口碑营销、客户服务以及数据的精细化管理,让客户变成回头客。所以线上展会需要和基础的IT推广能力融合在一起,成为全场景数字营销平台的一部分,路径上处于客户成为回头客之间,主要是为了提高已有客户的黏性,促进其从客户变成回头客。

任务目的

通过思考选定展会项目进行线上展会或者数字展会升级改造后的商业模式,掌握线上展会的功能设计和建设路径,为建设线上展会设计商业模式,锻炼实际应用能力,培养团队合作精神,提升职业素养,增强职业自信心。

任务名称

本展会数字展会商业模式构建。

任务分组

班级		小组名称		指导教师	
组长		学号		分工	
成员		学号		分工	
成员		学号		分工	
成员		学号		分工	
成员		学号		分工	
成员		学号		分工	

项目 10 数字展会及应用

任务实施

1. 活动要求

（1）分组，每组 3~5 人。

（2）以小组形式完成展览项目相关题材案例和资料的查找，先组内讨论拟选定的展览项目所在行业实际情况，可以参考实际案例，也可以根据设定情景自行编撰适合的收入、支出、资源等商业模式要素，用于本活动的完成，要求尽量符合成功选题的各项条件。

（3）小组讨论交流后与教师进行讨论，确定本组展会的数字展会商业模式。

（4）按照所学方法，确定数字展会商业模式中各项模块内容。

2. 活动步骤

（1）分组，确定组长、成员。

（2）查找会展项目案例和资料。

（3）组内讨论拟选定题材，得出小组活动结论。

（4）完成本组展会数字展会商业模式的构建。

（5）小组讨论交流、师生讨论评价。

任务评价

小组自评、小组互评与教师评价相结合。自我评价占 10%，小组成员组内互评占 10%，小组互评占 10%，教师评价占 70%。任务评价表如表 10-1 所示。

表 10-1 任务评价表

班级		组名		日期				
评价点	评价要素			分值	自我评价	组内互评	组间互评	教师评价	总评
能力目标 1	综合、分析、运用线上展会创立的形式及特点			16					
能力目标 2	综合、分析、运用线上展会的功能设计和建设路径			16					
能力目标 3	综合、分析、运用数字展会的商业模式构建			24					
素质目标 1	增强使命感，利用线上展会搭建平台、促进行业发展，立足民生建设，为贸易复苏和数字展会的发展贡献会展人的力量，培养社会担当、助力行业、经世济民、胸怀天下的家国情怀			8					

续表

笔记

评价点	评 价 要 素	分值	自我评价	组内互评	组间互评	教师评价	总评
素质目标2	培养不怕困难、勇于创新、追求卓越的劳模精神,勤勉、负责、匠心的职业素养	7					
素质目标3	具有良好的信息素养,能有效利用网络资源、工作手册等查找案例、线上展会、数字展会发展及发展趋势的有关信息	7					
素质目标4	在学习数字展会建设和管理知识中培养痛点思维、商业模式思维和创新创意精神,具有创新创意思维、商业模式思维、系统思维以及成本意识、效益意识、分工合作意识、时间和效率意识	7					
素质目标5	具有分工合作、团结一心的团队精神;能够倾听、团队合作、分享,与教师、同学之间相互尊重、理解;与教师、同学之间能够保证多向、丰富适宜的信息交流	8					
素质目标6	养成自主学习、自我培养、自我认知和自信的性格与品质;探究学习、自主学习不流于形式,处理好合作学习和独立思考的关系,做到有效学习	7					
总分		100					
有益经验							
总结反思							

任务拓展

在线上参观广交会、文博会、体博会等线上展会的构建,分析其数字化转型与升级路径。

项目小结

本项目学习了线上展会的创立形式、线上展会与数字展会的发展背景及原因,同时了解了线上展会的功能设计以及数字展会的建设路径和发展趋势,认知了科技发展对行业的促进和国家数字化建设的宏伟蓝图,对数字展会商业模式进行合理构建,培养变革思维,培养创新创业能力,激发从事会展业的自信心。

 知识测评

资料:数字展会及应用知识测评

项目 11　展会项目立项策划可行性分析

知识框架

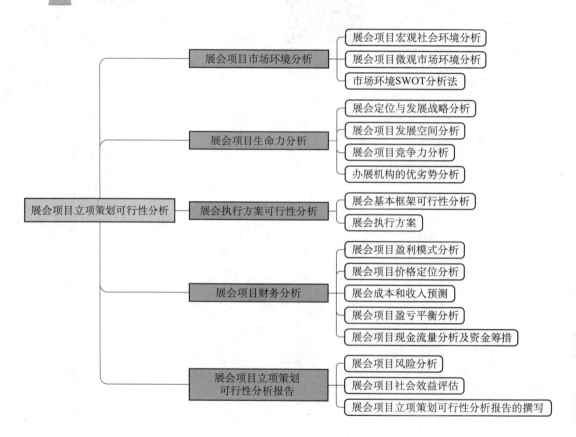

教学重点

展会项目市场环境分析的方法；项目生命力分析的方法；项目执行方案分析的方法；效益与风险预测；展会项目立项策划可行性方案。

教学难点

展会项目 SWOT 分析；展会项目立项策划可行性方案的撰写。

项目 11　展会项目立项策划可行性分析

学习情境描述

第十七届文博会开幕,线上线下齐互动,打造"永不落幕文博会"

2021年9月23日,由中共中央宣传部、文化和旅游部、商务部、国家广播电视总局、中国贸促会、广东省政府和深圳市政府联合主办,由国家广播电视总局轮值主办的第十七届文博会在深圳国际会展中心开幕,展会主要分为线下博览与交易、云上展示与交流,以及配套活动。

据了解,此次文博会线下设置6个展馆,每个展馆均为2万平方米,共12万平方米,较第十五届线下展馆增加1.5万平方米。云上文博会平台通过模拟线下文博会场景,将6个展馆展览内容在云上平台进行同步展示。

云上文博会平台将通过VR全景技术,再现文博会线下12万平方米的展会现场,对线下展示和交易进行大数据分析,在展会结束后继续促成项目和产品交易。同时,在线上设立互联网馆、"一带一路"国际馆。

本届文博会在云上设立的互联网馆,以"开创数字合作新局面,构建网络空间命运共同体"为主题,展示"互联网+"最新发展趋势和前沿技术动态,展示和发布互联网与文化、传媒、科技、数字创意、电子商务等业态融合发展的新成果、新技术、新应用等。腾讯、网易、爱奇艺、百度、优酷、央视频等知名互联网公司纷纷亮相该馆。

(资料来源:https://baijiahao.baidu.com/s?id=1711764837174243187.)

基于上述案例,请各小组展开充分讨论,探析文博会能够成功举办的原因,可尝试通过宏观环境PEST分析法、市场环境SWOT分析法探析文博会举办的可行性。

学习目标

知识目标

(1) 记忆并理解展会的宏观市场环境和微观市场环境相关知识。
(2) 掌握展会宏观社会环境PEST分析法和市场环境SWOT分析法。
(3) 掌握展会项目基本要素及执行方案的可行性分析知识。
(4) 掌握展会财务分析相关知识。
(5) 掌握展览会风险分析及效益评估相关知识。
(6) 掌握展会立项策划可行性分析报告的写法。

能力目标

(1) 能运用、分析、综合并评价展会宏观环境分析和市场环境分析。

笔记

(2) 能运用、分析、综合并评价展会生命力分析。
(3) 能运用、分析、综合并评价展会执行方案分析。
(4) 能运用、分析、综合并评价展会项目的财务分析。
(5) 能运用、分析、综合并评价展会风险及效益评估。
(6) 能运用、分析、综合并评价展会项目立项策划可行性分析报告。

素质目标

(1) 具备关注民生、社会担当、助力行业、经世济民、胸怀天下的家国情怀和社会责任感。
(2) 具有展览策划与管理职业所需的尽职、敬业、勤勉、负责、合作、匠心的职业素养;具有良好的信息素养,能有效利用网络资源查找案例、信息;能将查找到的信息有效转换到展会可行性分析工作中。
(3) 养成会展策划师和会展职业经理人应具备的吃苦耐劳、恪守信用、讲求效率、尊尚规律、实事求是、崇尚卓越的职业态度;综合分析展会宏观环境、微观环境等,对展会是否可行做出务实、客观的判断,策划具有可行性的展会。
(4) 分析展会风险时具有大局意识和系统思维,对展会面临的危机和风险做出客观、正确的预判,具有成本意识、效益意识、风险意识。
(5) 具有分工合作、团结协作的团队精神;能够倾听、团队合作、分享,与教师、同学之间相互尊重、理解;与教师、同学之间能够保证多向、丰富适宜的信息交流。
(6) 养成自主学习、自我培养、自我认知和自信的性格与品质;探究学习、自主学习不流于形式,处理好合作学习和独立思考的关系,做到有效学习;有良好的学习习惯,全过程参加学习和任务,提交任务及时、规范。

任务 11.1　展会项目市场环境分析

微课:展会项目市场环境分析

❓ **引导问题 1**:展会项目市场环境分析一般包括宏观社会环境分析和微观市场环境分析,那么展会项目如何进行宏观社会环境分析?

11.1.1 展会项目宏观社会环境分析

由于会展业具有依赖性,许多社会因素都会影响展会的举办。所谓宏观市场环境就是指那些可能影响到展会举办的各种社会因素,宏观环境主要包括政治(political)、经济(economic)、社会(social)和技术(technological)等,因此对宏观环境的分析也称 PEST 分析法。

1. 政治环境

政治环境包括一个国家的社会制度、执政党的性质、政府的方针、政策、法令等。不同的国家有着不同的社会性质,不同的社会制度对组织活动有着不同的限制和要求。即使社会制度不变的同一国家,在不同时期,由于执政党的不同,其政府的方针特点、政策倾向对组织活动的态度和影响也是不断变化的。

2. 经济环境

经济环境主要包括宏观和微观两个方面。宏观经济环境主要指一个国家的人口数量及其增长趋势、国民收入、国民生产总值及其变化情况以及通过这些指标能够反映的国民经济发展水平和发展速度。微观经济环境主要指所在地区或所服务地区的消费者的收入水平、消费偏好、储蓄情况、就业程度、展会所在地住宿、餐饮、旅游、交通等配套设施的完备程度等因素。

3. 社会环境

社会环境包括一个国家或地区的居民教育程度和文化水平、宗教信仰、风俗习惯、审美观点、价值观念等。文化水平会影响居民的需求层次,宗教信仰和风俗习惯会禁止或抵制某些活动的进行,价值观念会影响居民对组织目标、组织活动以及组织存在的认可与否,审美观点则会影响人们对组织活动内容、活动方式以及活动成果的态度。

4. 技术环境

除了要考察与展会所处领域直接相关的技术手段的发展变化,还应及时了解国家对科技开发的投资和支持重点、该领域的技术发展动态和研究开发费用总额、技术转移和技术商品化速度以及专利及其保护情况等。

? **引导问题 2**:展会项目微观市场环境分析包括哪些?

_____

_____

_____

11.1.2 展会项目微观市场环境分析

任何展会组织机构在进入一个新产业举办展会之前,除了要考虑各种宏

笔记

观的社会环境因素对展会的影响和制约,还要对自身的办展条件及所占有的各种社会资源进行详细分析。通常所说的微观市场环境就是指直接影响展会举办的各种条件,主要包括办展机构内部环境、目标客户、竞争者、营销中介、服务商、展览场馆及社会公众等。

1. 办展机构内部环境

办展机构内部环境包括办展机构的经济实力、办展人员、展会涉及产业的专业人才以及所占有的社会资源等,即办展机构资金、人力、物力、信息资源、社会资源等方面,这些可以用来评估组织者的办展能力。

2. 目标客户

目标客户包括目标参展商与目标观众。掌握目标参展商和目标观众的数量与区域分布、消费者市场客户、生产者市场客户、中间商市场客户、政府部门、国际市场客户以及他们的需求和变化趋势等,可以了解其参与展览会的可能性。

3. 竞争者

竞争者即与本展会有竞争关系的同类展会,了解同类展览会的基本情况、品牌影响力以及相互间的竞争状态等,可以为本展会制定相应的竞争策略。根据展会之间的竞争关系,可以将竞争者分为以下三类。

(1) 普通竞争者。普通竞争者是指能提供、满足同一需求的不同展会产品的竞争者,实际上是一种替代展会之间的竞争。

(2) 愿望竞争者。愿望竞争者是指向同一购买者提供不同的展会产品,以满足不同需求的竞争者。愿望竞争者之间的竞争主要体现在促使消费者先参加自己的展会。

(3) 同行竞争者。同行竞争者是指提供同类展会产品的竞争者。这类展会提供相同或类似的展会服务产品,满足顾客相同的需求。

在现代社会,各种产品及服务极其丰富,一个展会所要面对的竞争者很多,办展机构可以根据展会自身的实力和经营战略目标,在分析不同类型竞争者的基础上,根据实际在不同阶段选择对其威胁最大的竞争者进行研究。

4. 营销中介

营销中介是协助展会进行宣传推广和招展招商的中介组织,即招商招展网络。对于营销中介,需要了解招商招展代理的资质、信誉、实际营销能力、数量与区域分布等情况并对其进行分析,从而制定相应的营销策略。

5. 服务商

服务商是指受办展机构委托为展会提供各种服务的机构,主要有展品运输代理、展位搭建服务商、提供旅游服务的旅行社、提供住宿服务的酒店、展会资料印刷商、翻译机构以及提供观众登记、数据服务、数字会展技术服务的服务商等。可以从服务商的资质、数量、服务水平和收费标准等方面进行考量,选择收费低和服务水平高的服务商。

6. 展览场馆

可以从展览场馆设施与配套条件、展出场馆的规模、设施、服务和价格水平等方面对展览场馆展开分析，从而确定展览场地是否适合办展。

7. 社会公众

社会公众包括媒体、公众、政府管理部门人员和其他社团组织等。社会公众的支持可以为展会的发展创造宽松的社会环境。

❓ 引导问题 3：展会项目如何进行市场环境 SWOT 分析？

_____

_____

_____

11.1.3　市场环境 SWOT 分析法

在举办展会时进行信息收集和市场环境分析的主要目的是充分利用各种有利条件和机会，避免市场威胁。在掌握了与展会相关的大量信息和对环境发展趋势做出一定的预测后，就可以对市场环境进行综合分析及评估。进行市场环境分析常用的是 SWOT 分析法。

1. SWOT 分析法

这种方法是美国于 20 世纪 80 年代初提出来的，SWOT 四个英文字母分别代表优势（strength）、劣势（weakness）、机会（opportunity）、威胁（threat）。SWOT 分析其实是一种态势分析，就是对与研究对象密切相关的各种内部优势、劣势、外部机会和威胁等进行认真研究与分析，根据自身的内在条件，找出自身的优势、劣势及核心竞争力，通过调查列举出来，并依照矩阵形式排列，然后用系统分析的方法，把各种因素相互匹配加以分析，从中得出一系列相应的结论，而结论通常带有一定的决策性。运用这种方法可以对研究对象所处的情景进行全面、系统、准确的研究，从而根据研究结果制订相应的发展战略、计划以及对策等。

2. SWOT 矩阵

SWOT 分析的前提是正确识别出优势、劣势、机会与威胁因素，再评价某种因素的优劣，该因素又预示着什么样的机会或威胁。SWOT 分析法要求将调查得出的各种因素根据轻重缓急或影响程度等进行排序，构造 SWOT 矩阵。在此过程中，将那些有直接的、重要的、大量的、迫切的、久远的影响因素优先排列出来，而将那些间接的、次要的、少许的、不急的、短暂的影响因素排列在后面，从而对展会面临的优势与劣势、机会与威胁进行客观、全面的分

资料：SWOT矩阵

析，并根据实际情况制订相应的战略计划和应对策略。

❓ **引导问题 4**：市场环境 SWOT 分析法的分析步骤有哪些？

笔记

_____

_____

_____

3. 市场环境 SWOT 分析法的分析步骤

1）SWOT 分析步骤

SWOT 分析包括以下三个步骤。

（1）罗列优势和劣势以及可能的机会与威胁。

（2）将优势、劣势与机会、威胁相组合，形成各种策略，包括 SO、ST、WO、WT 策略。

① SO 战略。为了利用内部优势、抓住外部市场机会，可以采用发挥内部优势、利用外部机会的 SO 战略，即增长型战略。

② ST 战略。为了利用内部优势、回避或减少外部威胁，可以采用发挥外部优势、回避外部威胁的 ST 战略，即多种经营战略。

③ WO 战略。为了利用外部市场机会、改善内部弱点，可以采用利用外部机会、改进内部劣势的 WO 战略，即扭转型战略。

④ WT 战略。为了改善内部弱点、回避外部威胁，可以采用改进内部劣势、回避外部威胁的 WT 战略，即防御型战略。

（3）对 SO、ST、WO、WT 策略进行甄别和选择，确定应该采取的具体战略与策略。

2）SWOT 分析后的竞争策略

对宏观和微观环境进行分析后，办展机构采取的竞争策略主要有以下几种。

（1）积极参与竞争。经过系统分析，如果办展机构所占有的各种外部环境因素和内部环境因素中有利因素大于不利因素，而且不利因素又不是影响举办展会的关键因素，办展机构就要抓住有利时机，充分利用各种有利条件，积极参与竞争，进入相关产业举办展会。

（2）谨慎参与竞争。办展机构进行系统分析后，清醒地认识到在内外部各种环境因素中机会因素和威胁因素并存，但经过努力，不利因素可以转化为有利因素，至少可以回避威胁因素或者可以将威胁降至最低，这样办展组织机构就要采取各种策略来改善环境，降低市场风险，为进入相关产业举办展会而创造条件。

（3）放弃竞争。如果办展机构采取各种措施仍不能改善办展环境，无法限制或扭转不利因素的发展，以及市场风险仍然很高，在这种情况下，办展机构就要放弃进入相关产业举办展会的打算，寻找新的市场发展机会。

任务 11.2 展会项目生命力分析

引导问题 5：一个展会要想能够长久发展下去，需具有生命力。应该从哪些方面分析展会项目的生命力呢？

_____
_____
_____

一个展会项目生命力的长短是由多方面的因素决定的。只有那些具有长期发展前景的展览会项目，才有值得投资的价值。分析展会的生命力，不仅要分析展会的短期生命力，还要分析展会的长期生命力。一般从展会定位与发展战略分析、展会项目发展空间分析、展会项目竞争力分析、办展机构的优劣势分析几个方面来分析和预测展会项目的生命力。

微课：展会项目生命力分析

引导问题 6：应该如何分析一个展会项目的展会定位与发展战略？

_____
_____
_____

11.2.1 展会定位与发展战略分析

科学合理的展会定位和发展战略会使展会的竞争优势十分明显；反之，展会的发展将举步维艰。考察展会定位，要看其是否出现以下五个方面的问题。

1. 定位不够

展会定位对展会所具有的特征、优势以及展会能带给参展商与观众的利益表达不充分、不全面，导致参展商和观众对展会只有一个狭隘的印象。展会定位不够会自动将一部分参展商或观众排斥在展会之外，不利于展会的招展和招商。

2. 定位过分

定位过分是指展会定位夸大了展会所具有的特征、优势以及展会能带给参展商与观众的利益，或者展会定位所宣扬的展会特征、优势以及展会能带给参展商与观众的利益不可行。展会定位过分会使参展商或观众对展会产生不切实际的过高期望，不利于展会的可持续发展。

3. 定位模糊

展会定位如果不能清楚准确地表达展会所具有的特征、优势以及展会能

笔记

带给参展商与观众的利益,或者对展会的特征、优势以及展会能带给参展商和观众的利益表述较为混乱,会使参展商和观众对展会只有一个模糊和混乱的概念,不知道其特别之处。展会定位模糊会使展会丧失品牌号召力,不利于展会竞争优势的培育。

4. 定位疑惑

定位疑惑是指展会定位虽然准确且表述清晰,但由于展会展览现场出现操作等方面的问题,参展商和观众从展会的现场和实际操作中难以理解和体会到展会的定位宣传,从而对展会的定位产生疑惑,对展会产生不信任感。

5. 定位僵化

定位僵化是指展会定位不能紧跟市场形势的变化,市场形势变了,展会的定位却落后于市场形势,不能反映市场对展会提出的最新要求。展会定位僵化会使展会逐渐老化并丧失竞争力,不利于展会的发展。

总之,分析展会的发展战略是否合理,不仅要看展会的总体发展战略是否有战略资源作支撑,发展策略规划是否符合实际,还要看展会的阶段发展战略是否与展会现在及未来的发展相适应。

引导问题7:应该如何分析展会项目的发展空间?

_____
_____
_____

11.2.2 展会项目发展空间分析

展会项目的发展往往和该展会所涉及的产业发展周期有着密切关系。一般处于成长期的行业发展趋势好,市场扩展快,比较适合举办展会;处于成熟期的产业,企业数量较多,开拓市场的意愿强烈,也比较适合举办展会。处于投资期和衰退期的产业,则不太适合举办展会。分析展会项目的发展空间,就是要立足现在,对展会项目的未来发展做出推断与预测。

展会项目发展空间分析主要包括产业空间分析、市场空间分析、地域空间分析、政策空间分析等。

(1)产业空间分析。主要看展会举办地相关产业现状与发展趋势,是否是优势产业、重点产业、政府支持和鼓励发展产业、产业规模等。

(2)市场空间分析。主要评估市场机构状况、市场规模的大小和市场辐射能力的强弱等方面。

(3)地域空间分析。主要评估举办地的地缘优势、周边辐射力以及展览场馆状况、举办地辐射功能、交通、基础设施、展馆设施及服务业发展状况等。

(4)政策空间分析。主要评估举办地对展会所涉及的产业是否采取鼓励政策,同时对会展业的发展政策也会影响展会的发展空间。

? 引导问题 8：应该如何分析展会项目的竞争力？

11.2.3 展会项目竞争力分析

展会组织机构在策划展会时，必须详细分析同题材展会的优势与不足，找准自己的切入点，赋予自己的展会更多明显的优势，并且这些优势是其他同类展会所不具备或欠缺的。这样展会才具有竞争力和生命力，才会有更为广阔的发展空间。展会项目竞争力分析一般从展会主题、办展机构的信誉度及品牌影响力、参展商和观众的构成、展会价格、展会服务水平等方面入手。

资料：展会项目竞争力分析

? 引导问题 9：应该如何分析办展机构的优劣势？

11.2.4 办展机构的优劣势分析

分析办展机构之间的优劣势就是要扬长避短，充分发挥自己的优势，提高展会的竞争力。另外，在分析自身优劣势的同时，还要认真分析其他同题材展会办展机构的优劣势，以此找出其劣势所在，以自己的优势去竞争他们的劣势，使自己处在一个有利的位置。总之，进行优劣势分析时，千万不要进行单方面的比较与分析，这样容易产生片面性，要进行综合比较与分析，这样得出的结论才会全面，准确度也比较高。经过分析，如果自己的展会确实具有广阔的发展前景，但自己暂时还欠缺某些办展条件，这就要尽快采取措施弥补或改善自己的不足，以满足举办该展会所需要的各种条件。

任务 11.3 展会执行方案可行性分析

? 引导问题 10：应如何分析展会的基本框架是否具有可行性？

11.3.1 展会基本框架可行性分析

一个展会是由展会的基本要素构成,即展会的基本框架,对其进行分析,就是要进一步看各要素之间的关系是否协调以及各要素是否符合行业特点和产业发展规律。展会基本框架可行性分析主要从以下几个方面展开。

1. 展会名称

展会名称分析主要看名称是否反映展会定位,该定位是否准确、主题是否突出,忌定位模糊不清、涵盖范围过宽或过窄。

2. 展会标识

展会标识分析主要看展会标识是否符合展会的行业特点、是否便于传播和记忆等,不要违反展会标识设计原则,不要过于繁杂、有记忆困难等情况。

3. 举办地点

对于举办地点的分析侧重该地点是否适合举办该展品范围所在产业的展会、展会是否与当地的优势产业相统一、展出场地是否适宜等,不要违背举办地的产业发展政策或者选定的展出场馆过大或过小。

4. 举办时间

举办时间要合理,因此要考察展会举办时间是否符合行业的季节性,有无违背行业季节性等特点;办展周期是否符合行业技术更新与新产品开发周期,办展周期是否过长或过短;办展频率是否符合展品范围所在产业的特征。

5. 办展机构

在办展机构的设置上要考虑办展机构在计划的办展时间内能否举办如此规模和定位的展会、办展机构对展品范围所在的产业是否熟悉、办展机构的合作密切度如何、分工是否明确及合理等,避免出现分工不明确、不合理、未能充分发挥各自的优势、利益分配不均等情况。

6. 展品范围

展品范围的设计要注意是否与展会名称和主题相一致、与展会定位之间是否有冲突、所涉及产品是否涵盖不全或列入无关产品等现象。

7. 展会规模

预估展会规模要根据实际情况,要看其是否符合产业规模,在展会展品范围所在产业能否举办如此规模和定位的展会,展会定位和办会规模之间是否冲突。同时要注意展出规模目标的可操作性,展出规模目标不要过大或过小等。

? **引导问题11**:应如何分析展会执行方案的可行性?

_____
_____
_____
_____

11.3.2 展会执行方案

执行方案是展会成功举办的重要保证。执行方案涉及展会组织实施的全过程,并直接关系到每个环节的工作是否能达到预期的效果,所以制订的各项执行方案应具有具合理性和可操作性。这些方案主要包括招展招商与宣传推广计划、人员安排计划、展会进度计划、现场管理和相关活动计划等。

微课:展会执行方案可行性分析

1. 招展招商与宣传推广计划

招展计划要建立营销网络、制定营销策略,因此要考虑是否选择了信誉好、能力强的展位营销合作伙伴,能否确保展位营销目标如期完成;招商计划需要建立招商网络、制定招商策略,要考虑是否选择了有影响力的合作机构,能否保证邀请专业观众的数量和质量;宣传推广计划要评估其是否可以提升展会品牌、提高认知度、是否能很好地配合招商、招展等,在不同阶段是否突出宣传重点、是否正确选择传播渠道与媒体。

2. 人员安排计划

人员安排计划需要评估其是否按照各阶段的工作重点合理调配人员、是否分工明确、责任到人、能否发挥每个人的优势、可否充分调动个人工作的积极性。

3. 展会进度计划

展会进度计划需要加强监督检查,增强工作安排的合理性、准确性和可行性,确保各项工作有条不紊地进行,并保证按时完成各项工作目标,因此对展会进度计划的分析侧重各项工作进程安排的合理性、各阶段工作目标的明确性、各项工作的配套性、各项工作安排的可行性以及各阶段工作安排的统一性等。

4. 现场管理和相关活动计划

现场管理计划要求周密安排、突出效果,配套活动要与展会题材相一致,能丰富展会的活动内容,有利于提高展会品牌的影响力;要根据展会的需要选择服务商、确定合作方式,为参展商和观众提供及时、周到的服务;要能及时协调各方面的关系,预防意外事件的发生。对现场管理和相关活动计划的分析侧重现场管理计划的周密性和可控性,相关活动的必要性和可行性以及现场管理与相关活动的协调性等,同时要评估服务商的资质、服务质量和收费情况、能否为展会提供周到的服务。

任务 11.4　展会项目财务分析

❓ **引导问题 12**:应如何分析展会项目的盈利模式?

11.4.1 展会项目盈利模式分析

微课:展会项目
财务分析

展会的营业收入主要由展位费、门票、广告、赞助和其他收入构成,收入构成表示展会项目的盈利模式。因此展会需要对自身特点和资源进行充分、合理的分析,评估展会收入渠道的设计是否具有可行性,并评估该盈利模式是否合理。一般来说,展会项目主要有以下五种盈利模式。

(1) 展位费盈利模式。这种模式下,展位的销售收入是展会主要的营业收入,其他收入只是补充。

(2) 门票盈利模式。这种模式主要指向观众收取门票所获得的收入为展会主要的利润来源,在这种模式中,门票收入是主要的收入来源。

(3) 赞助盈利模式。展会还有一类收入是广告和企业赞助。办展机构可以借助展会平台帮助企业或者参展商进行宣传,通常包括广告和赞助的形式,常见的广告资源有证件、入场券、会刊、现场广告牌等,常见的赞助内容有资金、劳务和实物等,赞助的回报形式主要有冠名、广告、活动、指定商品等。

(4) 剩余盈利模式。这种模式下,展会的收入和利润主要来自有关单位的拨款,利润产生于拨款金额减去展会成本费用支出的余额。

(5) 综合盈利模式。这种模式是指展会的收入和利润来源由上述四种模式中的两种或两种以上模式构成。

上述五种盈利模式中第三种和第四种模式多数适用于非商业性展会,其余三种多见于商业性展会。

引导问题 13:如何分析展会项目的价格制定是否可行?

11.4.2 展会项目价格定位分析

资料:展会项目
价格定位分析

一般来说,展会的定价目标有五种,即利润目标、市场份额目标、撇脂目标、展会质量领先目标、生存目标,因此一要根据定价目标来考虑展会制定的价格是否合理,制定的价格是否可以达到展会的定价目标;二要分析招展价格的制定是否符合展会的实际情况。展会价格要按照竞争形式、展会的发展阶段、价格弹性、展会的价格目标策略来定,并考虑展会展览题材所在行业的状况。

引导问题 14：如何预测展会项目的成本和收入？

_____
_____
_____

11.4.3 展会成本和收入预测

展会经济效益分析是展览项目可行性分析中的重要内容，主要就是通过展会项目的财务预算和利润分析来判断该展会的经济效益，预测该展会项目的经济效益。由于展会项目的收入和支出可能不在同一时间内进行，往往需要展会组织机构先垫付一定数量的资金，以保证各项筹备工作的顺利进行。

1. 展会主要收入与支出

确定了会展产品的价格以后，根据预定的展会展出规模，就可以对举办展会的收入和成本进行较为详细的预测，并可以对展会项目的投资回收期和投资利润率进行分析和预测。分析展会的收入和成本是展会组织机构预测展会可行性的重要依据，如表 11-1 所示。

表 11-1 展会主要收入与支出预测表

项目	科目	金额/万元	占总收入或总支出的比例/%
收入	展位租金收入		
	门票销售收入		
	广告收入		
	企业赞助收入		
	其他收入		
支出	展览场馆租金		
	宣传推广费		
	招展费用		
	招商（观众邀请）费用		
	相关活动费用		
	办公费用和人员费用		
	税费		
	其他不可预测的费用		
	总支出		
	利润		

2. 成本收入分析

完成展会成本收入预算表后，就可以初步了解举办该展会的成本、费用、收入和利润，可以初步判断举办该展会是否可行。通过表 11-1 可以计算以下

笔记

两个指标,并通过这两个指标来进一步判断该展会是否经济可行。

第一个指标是投资利润率,即按照正常年度办展所获利润占总投资额的比例,投资利润率越高越好,且不能低于无风险投资利润率。

第二个指标是静态投资回收期,即收回办展总投资所需要的时间,投资回收期越短越好,但不能短于基准投资回收期。

通过表11-1,还可以初步了解计划支出的各项成本费用大致占展会总收入的百分比。如果发现某项费用所占比例过大,可以通过调整相关的执行方案来调整相应费用的支出。通过对收入和成本费用各项具体项目进行分析和调整,可以使展会成本收入预算更加合理。

❓ **引导问题 15**:如何对展会项目进行盈亏平衡分析?

11.4.4 展会项目盈亏平衡分析

展会项目盈亏平衡是指展会所有收入恰好能弥补展会所有支出和成本费用,也就是总收入正好等于总成本。盈亏平衡分析法又称量本利分析法,全称为产量成本利润分析,也叫保本分析或盈亏平衡分析,是根据会展产品的销售量、成本、利润之间的相互制约关系的综合分析,用来预测利润、控制成本、判断展览会举办机构对市场需求变化适应能力和经营状况的一种数学分析方法。利用量本利分析法可以计算出组织的盈亏平衡点,又称保本点、盈亏临界点、损益分歧点、收益转折点等,其分析原理是当产量增加时,销售收入成正比增加,但固定成本不增加,只是变动成本随产量的增加而增加。

盈亏平衡分析法的核心是盈亏平衡点的计算分析。展会盈亏平衡点是指办展机构利润等于零,展览会销售收入刚好与总成本相等时的销售量,即以盈亏平衡点为限,销售收入高于此点,办展机构盈利,反之,就会出现亏损。能够达到盈亏平衡的展会规模就是展会盈亏平衡规模,能够使展会达到盈亏平衡的展会价格就是展会盈亏平衡价格。除一些特殊情况外,举办展会最起码的要求是能够达到平衡状态。

进行盈亏平衡分析,最重要的是找到能够使展会达到盈亏平衡的"盈亏平衡点"。所谓盈亏平衡点,就是能够使展会达到盈亏平衡的展会规模或展会价格。找到了盈亏平衡点,就可以为展会规划更为合理的展览规模,或为展会制定更加合理的价格。

1. 展会盈亏平衡价格

如果展会是以单位标准展位来定价的,那么展会的盈亏平衡价格可以按以下公式计算:

盈亏平衡价格(单位标准展位)＝展会总成本÷展会总展位数

如果展会是以单位展览面积来定价的,那么展会的盈亏平衡价格就应该是单位展览面积的价格,这时展会的盈亏平衡价格可以按以下公式求得

盈亏平衡价格(单位展览面积)＝展会总成本÷展会展览总面积

按上述公式求得的盈亏平衡价格,就是能够确保展会不出现亏损的单位展位价格。如果单位展位的价格低于这个价格,展会就会出现亏损。

2. 展会盈亏平衡规模

展会规模通常是通过该展会拥有的标准展位数量或者是该展会的展览面积(平方米)来衡量,相应地,展会的盈亏平衡规模也就有两种表示办法:一是用通过计算能够使展会达到盈亏平衡的标准展位数量来表示;二是用通过计算能够使展会达到盈亏平衡的展览面积来表示。

能够使展会达到盈亏平衡的标准展位数量可以用以下公式求得

盈亏平衡规模(标准展位数量)＝ 展会总成本÷单位标准展位价格

能够使展会达到盈亏平衡的展览面积可以用以下公式求得

盈亏平衡规模(展览面积)＝展会总成本÷单位展览面积价格

展会盈亏平衡点对展会预算管理有重大价值,不仅对评估展会项目是否可行具有极大的参考价值,还对改进展会的各种执行方案具有积极的意义。反过来,展会各种执行方案花费的费用直接构成展会总成本,改变展会总成本,会影响展会各执行方案的费用分配情况。有了展会盈亏平衡点,对展会的资金安排和盈亏状况就可以做到统筹合理安排。

引导问题 16:如何分析展会项目的现金流量以及资金筹措?

11.4.5 展会项目现金流量分析及资金筹措

1. 现金流量分析

并不是所有的展会在举办的第一、二届就能盈利。有些展会尽管发展前景好,在开始几届却往往不能获利。展会需要有好几届作为培育期,过了培育期,举办该展会才有利可图。对于这样的展会,就要通过现金流量分析来进一步分析其是否值得举办。

所谓现金流量,是指在未来一定期间内所发生的现金收支。其中,现金收入称为现金流入量,现金支出称为现金流出量,现金流入量与现金流出量相抵后的余额称为现金净流量。如果不考虑展会的其他效应,只从办展单位的盈利角度进行考虑,对于需要有好几届作为培育期的展会来说,只有现金流入量大于现金流出量,该展会才是值得投资举办的。

笔记

笔记

对于需要培育期的展会来说,现金流入量与前面提到的展会收入来源项目大致相同,现金流出量与展会成本费用项目大致一样,不过,在测算现金流量的具体数据时,要剔除沉淀资本,要考虑现金当量和资金的时间价值,不能忽视机会成本。因此可以通过一些方法测算出展会各阶段的现金流量值,测算出现金流量值后,就可以用以下几个指标来对展会是否值得举办作出初步的判断。

(1)净现值。净现值是指展会项目计算期内,按行业基准收益率或其他设定的折现率来计算各届展会净现金流量现值的代数和。如果净现值大于零,该展会就值得举办。

(2)净现值率。净现值率是指展会项目的净现值占原始投资现值总和的百分比。如果净现值率大于或等于1,该展会就值得举办。

(3)获利指数。获利指数是指展会举办后按行业基准收益率或其他设定的折现率折算各届展会净现金流量现值总额与原始投资现值总额之比。如果获利指数大于或等于1,该展会就值得举办。

(4)内部收益率。内部收益率是指能使展会净现值等于零的折现率。如果内部收益率大于资金成本,该展会就值得举办。

现金流量是办展单位计划举办展会时所必须考虑的问题,如果现金流入量小于现金流出量,而办展单位的流动资金又有限,那么办展单位就可能陷入投入资金不足的困境,这样展会的举办就可能成为问题和负担。

2. 资金筹措

经过展会执行方案分析、成本收入分析和现金流量分析以后,对展会筹备各阶段需要的资金投入就有了一个大致地了解。为保证展会顺利举办,展会筹备各阶段需要的资金投入必须有保证,不能出现资金短缺导致展会筹备工作无法推进的事情。因此办展单位可以根据自身经营及展会筹备对资金的需求,通过一定的渠道和适合的方式获取所需资金。

首先可以采用自有资金。如果自有资金不足,可以通过争取政府支持、银行贷款、其他企业投入资金等方式筹措资金。用科学方法对筹备各阶段所需资金量进行预测,合理预测资金需求,及时规划资金投入。同时在筹措资金时,要注意筹措资金规模要适当、筹措要及时、筹措方式要经济、筹措资金来源要合理。

任务 11.5　展会项目立项策划可行性分析报告

❓ 引导问题 17:展会项目可能遇到哪些风险?如何进行展会风险分析?

11.5.1 展会项目风险分析

在市场经济条件下,任何经营活动都会遇到风险。进行风险预测就是要及时采取相应的对策,尽力减少外来不利因素的影响,尽量回避或降低展会举办过程中可能遇到的各种风险。通常情况下,展会的举办一般会面临市场风险、经营风险、合作风险、财务风险和社会公共突发事件风险等。

1. 市场风险

市场风险是指因市场条件的不利变动而蒙受损失的风险,如国家或举办地对展会管理政策的调整、产业政策的调整、通货膨胀、市场萎缩、新竞争者的加入、其他竞争者竞争策略的改变、反倾销事件等。对于市场风险,办展方要积极进行协调与沟通,完善办展手续;及时了解调整后的产业政策,按照新的产业政策调整展会定位;密切关注各竞争者的竞争策略,及时改变对策。

2. 经营风险

经营风险是指因办展单位经营方面的原因给展会带来的不确定性,如展会定位不准确、展位营销和招商工作不理想、核心业务人员突然离职、展出现场发生火灾、展品被盗等。办展方可以根据情况及时修正展会定位;对展位营销和招商工作制订详细的量化进度计划,加强监督、检查与管理;建立展出现场突发事件预警机制,预防此类事件的发生。此外,还可以通过展会"盈亏平衡规模"来计算举办展会的"经营安全系数",从展会面积的角度对展会的经营风险进行预测和评估,计算公式为

展会经营安全系数 = 1 - 展会盈亏平衡规模 ÷ 展会预期(实际)规模

如果展会经营安全系数大于或等于40%,则举办该展会将十分安全;如果该系数处于21%~39%,举办该展会将为安全;如果该系数处于16%~20%,举办该展会则较为安全;如果该系数在10%~15%,则举办该展会有一定风险,需要注意经营安全;如果该系数在9%以下,举办该展会的风险将较大,需要加倍小心应对。

3. 合作风险

合作风险是指办展机构之间出现矛盾、办展机构与展馆之间发生问题、服务商服务不到位或出现问题、展位营销和招商代理工作不理想等。办展方可本着"平等合作、互利共赢"的原则,及时解决和协调办展机构之间的矛盾与问题;对于服务商出现的问题,根据具体问题,分别提出告诫或更换服务商;要加强对代理商的管理,对信誉不好和能力不强的代理商要及时做出调整。

4. 财务风险

财务风险是指举债筹措资金给展会财务带来的不确定性和展会资金投入所带来的不确定性。如果举债筹措办展资金,由于种种原因,办展单位息税前

利润率和借入资金利息率之间具有较大不确定性,会导致办展单位利润率变化无常;如果办展单位息税前利润不足以支付利息,展会就会有亏损风险。另外,经营成本过高、资金投入不足或过多、展会项目回报率不理想等均有一定风险,需要规范建立项目预算、内部审计与严格审批的财务管理体系;要适度投放资金,避免投放过多或过少,造成浪费或投放不足,影响正常工作的开展;要严格控制成本,拓展收入渠道,提高展会项目的回报率。

5. 社会公共突发事件风险

公共突发事件是指突然发生、造成或可能造成严重社会危害、需要采取应急处置措施予以应对的自然灾害、事故灾难、公共卫生事件和社会安全事件,如战争、恐怖袭击、海啸、水灾、台风、疫情等。此类事件大多属于人类不可抗拒事件,不可预知性大,需做好应对预案,万一遇到,组织机构要积极采取措施,尽力挽回或降低此类事件给展会带来的影响。

引导问题18:如何评估展会项目的社会效益?

_____
_____
_____

11.5.2 展会项目社会效益评估

所谓展会项目的社会效益,就是举办展会对当地社会各方面可能产生的影响。可以从展会的经济功能和社会功能两方面评估展会项目的社会效益。

1. 经济功能

评估展会的社会效益,首先要评估展会的经济功能。展会的经济功能,是指通过举办展会而使社会直接取得经济效益以及因此带动一个地区相关产业发展的功能。会展经济是一种以会议和展览等为基础的跨行业经济行为,举办大型会议和展览活动,不仅需要酒店业、餐饮业、交通业、通信业、商业、旅游业、展馆业、城市建设等行业的积极参与,还可以通过乘数效应带动这些行业的发展。通常认为,会展经济对相关产业的带动效益为1∶9。

2. 社会功能

评估展会的社会效益,还要评估展会的社会功能。展会的社会功能,是指通过举办展会而达到一定的社会、政治和文化目标。除经济目标外,举办大型会议和展览往往会给举办地的社会、政治和文化带来影响。首先,可以增强一个地区或城市的综合服务功能和服务意识,提高当地居民的综合素质,重塑和提升该地区或城市的整体形象,从而达到一定的社会目标。其次,可以促进国内和国际交往,增强国际合作和交流,解决某些争端,从而达到一定的政治目的。最后,可以促进科技文化交流与合作,进而促进科技文化的发展。

3. 综合评估

为确保展会各项目标的实现,在对展会的可行性进行评估时,除要对展会的经济功能和社会功能做单项评估外,还要对二者进行综合评估。

以综合的角度看,展会的经济功能和社会功能是分不开的,二者相互促进、相辅相成。一方面,成功举办展会取得良好的经济效益,不仅使展会发展壮大,还能带动相关产业的发展,从而为实现一定的社会功能提供经济基础;另一方面,成功举办展会实现了良好的社会功能,又能很好地支持相关展会的可持续发展。

可见,举办展会不仅要满足自身的一些微观要求,还必须考虑社会的一些宏观要求。不论哪一方面有缺陷,该展会的执行方案都可能要重新策划。

引导问题 19:如何撰写展会项目立项策划可行性分析报告?

11.5.3 展会项目立项策划可行性分析报告的撰写

展会项目立项策划可行性分析报告就是在对展会项目立项策划进行可行性分析的基础上完成的书面报告。

展会项目立项可行性分析报告主要包括封面、摘要、目录、正文、附录等。其中正文部分是主体,除包括展会项目市场环境分析、生命力分析、执行方案分析、财务分析、风险分析、社会效益评估等,还应包括存在的问题、改进建议、努力的方向。

微课:展会项目立项策划可行性分析报告的撰写

展会项目立项策划可行性分析是展会项目立项策划的继续与延续,是展会组织机构最后确定是否举办该展会的重要决策依据,因此展会项目立项策划可行性研究报告中的数据资料来源必须可靠,材料必须真实、充分,分析要客观、科学,判断要准确、有理有据。总之,可行性研究报告一定要对办展机构的优劣势和举办展会所必需的产业、社会及市场等各方面的条件进行全面而缜密的分析。

📝 任务目的

通过理解会展项目立项策划可行性分析的各要素,把握会展项目立项策划可行性分析的内容和方法,能够根据需要进行展会项目立项策划可行性报告的撰写,为未来的知识学习和专业技能锻炼指明方向。并将其运用到展览项目策划中,锻炼实际应用能力,培养团队合作精神,提升职业素养,增强职业自信心。

任务名称

撰写展会项目立项策划可行性分析报告。

 任务分组

班级		小组名称		指导教师	
组长		学号		分工	
成员		学号		分工	
成员		学号		分工	
成员		学号		分工	
成员		学号		分工	
成员		学号		分工	

 任务实施

1. 活动要求

（1）分组，每组 3～5 人。

（2）以小组形式完成展会立项策划可行性要素分析，先组内讨论。

（3）小组讨论交流后与教师进行讨论，加深对展会项目立项策划可行性分析的理解。

（4）与教师探讨展会项目立项策划可行性分析报告的撰写要点和原则，完成小组展会项目立项策划可行性分析报告的撰写。

2. 活动步骤

（1）分组，确定组长、成员。

（2）查找会展项目案例和资料。

（3）组内讨论展会项目的可行性，分工撰写展会项目立项策划可行性分析报告。

（4）小组讨论交流、师生讨论评价。

 任务评价

小组自评、小组互评与教师评价相结合。自我评价占 10%，小组成员组内互评占 10%，小组互评占 10%，教师评价占 70%。任务评价表如表 11-2 所示。

表 11-2 任务评价表

班级		组名		日期		
评价点	评价要素	分值	自我评价	组内互评	组间互评	教师评价	总评
能力目标 1	能运用、分析、综合并评价展会宏观环境分析和市场环境分析	8					

续表

评价点	评价要素	分值	自我评价	组内互评	组间互评	教师评价	总评
能力目标2	能运用、分析、综合并评价展会生命力分析	8					
能力目标3	能运用、分析、综合并评价展会执行方案分析	8					
能力目标4	能运用、分析、综合并评价展会项目的财务分析	8					
能力目标5	能运用、分析、综合并评价展会风险评估	8					
能力目标6	能运用、分析、综合并评价展会社会效益评估	8					
能力目标7	能运用、分析、综合并评价展会项目可行性分析报告	8					
素质目标1	具备关注民生、社会担当、助力行业、经世济民、胸怀天下的家国情怀和社会责任感	8					
素质目标2	具有展览策划与管理职业所需的尽职、敬业、勤勉、负责、合作、匠心的职业素养；具有良好的信息素养，能有效利用网络资源查找案例、信息；能将查找到的信息有效转换到展会可行性分析工作中	7					
素质目标3	养成会展策划师和会展职业经理人应具备的吃苦耐劳、恪守信用、讲求效率、尊重规律、实事求是、崇尚卓越的职业态度；综合分析展会宏观环境、微观环境等，对展会是否可行做出务实、客观的判断，策划具有可行性的展会	7					
素质目标4	分析展会风险时具有大局意识和系统思维，对展会面临的危机和风险做出客观、正确的预判，具有成本意识、效益意识、风险意识	7					
素质目标5	具有分工合作、团结协作的团队精神；能够倾听、团队合作、分享，与教师、同学之间相互尊重、理解；与教师、同学之间能够保证多向、丰富适宜的信息交流	8					

笔记

续表

评价点	评 价 要 素	分值	自我评价	组内互评	组间互评	教师评价	总评
素质目标6	养成自主学习、自我培养、自我认知和自信的性格与品质;探究学习、自主学习不流于形式,处理好合作学习和独立思考的关系,做到有效学习;有良好的学习习惯,全过程参加学习和任务,提交任务及时、规范	7					
总分		100					
有益经验							
总结反思							

 任务拓展

实地参加某展会现场管理活动,探索该展会能够成功举办的原因,并分析本展会与已经成功举办的展会在可行性上有哪些距离,应如何改进。

 项目小结

本项目主要学习了展会立项策划可行性分析的相关知识,包括展会市场环境分析、生命力分析、执行方案分析、项目的财务分析、风险评估、社会效益评估以及可行性分析报告的撰写等相关知识。同时在掌握知识的基础上,培养运用、分析、综合相关知识的能力,并可以自我评价和评价他人,具备关注民生、社会担当、助力行业、经世济民、胸怀天下的家国情怀,培养尽职、敬业、勤勉的职业素养和精益求精、崇尚卓越的职业态度,具有知识产权保护意识,具有分工合作、团结协作的团队精神,养成自主学习习惯。

知识测评

资料:展会项目立项策划
可行性分析知识测评

项目 12　展会立项策划方案的撰写与汇报

知识框架

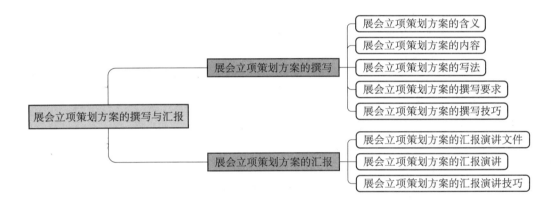

教学重点

展会立项策划方案的写法；展会立项策划方案的汇报。

教学难点

展会立项策划方案内容；展会立项策划方案写作要求；展会立项策划方案的汇报。

学习情境描述

中国(杭州)国际文化创意产业博览会立项策划方案

第七部分　观众组织

博览会观众的组织和邀请是整个博览会组织和策划过程中非常重要的一个环节，这将关系到创博会的产业含量，这里所指的观众包括普通观众和专业观众。针对不同的观众，我们将采取不同的组织和邀请形式，通过专门的宣传、邀请和组织，我们力求为展商寻找到可以合作和交易的对象，为前来参观的观众打造一个兼具国际性和专业性的文化创意博览盛会。

笔记

一、专业观众的确定

国内：文化创意各大行业的从业者、各大艺术创意院校师生、各类有需求的企业、投资商、风险投资公司及相关部门负责人等。

国际：知名国际品牌创意总监、国际知名设计师、文化创意机构从业人员、国际设计创意院校师生等。

二、专业观众的组织邀请工作

1. 已有的专业观众的邀请

一方面，在创博会的官方网站上，我们设立了专业观众预登记，可以免去专业观众到达现场后排队等候登记领证入场的时间；另一方面，我们收集了上一年创博会现场观众的相关资料，这些专业观众资源我们将派专人负责整理，并通过电话、短信、电子邮件等方式告知博览会最新信息，在开展前作出郑重邀请。

2. 投资商和风投公司的邀请

帮助参展商策划制作专业的商业计划书，并在创博会上进行初步演绎，吸引投资商的关注，进一步得到投资商的青睐。

组织浙江省、长三角地区乃至全国范围内的民营企业、民间投资者参与创博会的投资专业论坛，交流投资经验和投资信息，为参展商创造吸引投资的机会。

3. 通过媒体宣传和推广邀请

通过行业内专业网站、杂志、报纸等发布博览会信息，制作博览会专题、发布博览会相关宣传广告；通过在杭州全城发布户外广告、车体广告、车载广告、海报、直邮、电视、报纸等广告形式全方位宣传推广创博会。同时，与媒体开展活动合作，促使媒体对博览会进行连续报道。

4. 通过各地举办新闻发布会邀请

我们将在浙江省内积聚民营产业的城市举办新闻发布会，邀请各大民营企业的负责人以及当地的媒体与会，介绍杭州创意产业的发展现状和优惠政策，通报创博会的相关活动组织情况和招展招商情况，发布创博会的最新动态等。另外，我们还将在创意机构发达的境外地区组织新闻发布会。一方面，学习他们成功的经验和成果；另一方面，也可邀请境外机构参与创博会，增强创博会的国际性。

5. 相关专业部门及协会协助邀请

通过杭州创意产业研究中心、杭州创意产业协会和杭州市发展文化产业指导委员会办公室等相关政府部门邀请行业内的专业人士参观和参与创博会。

6. 国际合作机构协助邀请

通过与我们合作的美国、英国、意大利、日本、新加坡以及中国台湾和中国香港等地的海外专业协会，组织海外专业观展团赴现场参观、采购。

利用主承办单位在海外的影响力，在全球范围内邀请组织海外专业人士前来观展。

7. 发动参展商自行邀请

发动参展商自行组织其客户参观,通过向参展商赠送一定数量的专业观众邀请函、门票及论坛票等,鼓励参展商邀请客户参与创博会。

三、一般参观者组织方法

普通观众的邀请主要通过大众媒体的宣传报道来实现,通过连续在报纸、电视、电台上发布博览会信息,报道博览会相关亮点,并通过一定量的户外广告、报纸电视广告、海报以及直邮广告等来告知博览会信息,邀请普通观众参与创博会,营造创博会的现场气氛,真正提升杭州城市的创意氛围。

上述信息显示了中国(杭州)国际文化创业产业博览会展会立项策划方案中观众的邀请组织方案,而一个完整的展会项目立项策划书除了观众组织以外,还包括其他很多内容,如展会基本信息、招展策划方案、展会初步预算、人员分工、宣传推广计划、相关活动计划等,这也是展会项目策划中尤为重要的一个环节,成功的展会立项策划方案能够为展会的成功举办提供有力保障。

学习目标

知识目标

(1) 掌握展览项目立项策划方案基础性概念与作用。
(2) 了解展览项目立项策划方案特点。
(3) 掌握立项策划书的写作方法与逻辑以及相关文体要求。

能力目标

(1) 能运用并分析会展策划过程。
(2) 能运用并分析会展项目市场信息收集。
(3) 能运用、分析、综合、创新展会品牌策划及规划。
(4) 能运用、分析、综合展会基本框架搭建。
(5) 能运用、分析、综合招展策划。
(6) 能运用、分析、综合招商策划。
(7) 能运用、分析、综合展会相关活动策划。
(8) 能运用、分析、综合展会宣传推广。
(9) 能运用、分析、综合展会服务商及现场管理。
(10) 能运用、分析、综合展览可行性分析。
(11) 能运用、分析、综合并评价展会立项策划案撰写和汇报。

素质目标

(1) 具备关注民生、社会担当、助力行业、经世济民、胸怀天下的家国情怀。

笔记

(2) 培养展览策划与管理职业所需的尽职、敬业、勤勉、负责的劳动精神,追求卓越、争创一流的劳模精神以及精益求精、超越自我的匠心精神。

(3) 养成会展策划师和会展职业经理人应具备的服务意识、讲求效率、尊重规律、崇尚卓越的职业素养。

(4) 具备创新思维、系统思维、痛点思维、客户思维、商业模式思维、批判性思维等创新创业思维和时间意识、效率意识、成本意识、危机意识等创新创业精神。

(5) 具有分工合作、团结一心、互相帮助、共同进步的团队精神。

(6) 具备自主学习、自我培养、自我认知和自信的性格与品质。

任务 12.1　展会立项策划方案的撰写

引导问题 1:你知道什么是展会立项策划方案吗?

12.1.1　展会立项策划方案的含义

所谓展会立项策划方案,就是根据掌握的各种信息,对即将举办的展览会的有关事宜进行初步规划,设计出展览会的基本框架,提出计划举办的展览会的初步规划内容,主要包括展会名称和地点、办展机构、展品范围、办展时间、展会规模、展会定位、招展计划、宣传推广和招商计划、展会进度计划、现场管理计划、相关活动计划等。因此,展会立项策划方案是为策划举办一个展会而提出的一套办展规划、策略和方法,是对以上各项内容的归纳和总结。

引导问题 2:展会立项策划方案包括哪些方面?

12.1.2　展会立项策划方案的内容

一般来说,展会立项策划方案主要包括办展市场环境分析、展会的基本框架、展会品牌规划策略、展会价格及初步预算方案、展会工作人员分工计划、展会招展计划、展会招商计划、展会宣传推广计划、展会筹备进度计划、展会服务商安排计划、展会

资料:展会立项策划方案的内容

开幕和现场管理计划、展会期间举办的相关活动计划、展会立项策划可行性分析及风险管理预案等。

❓ 引导问题 3：你知道展会立项策划方案各部分的写法吗？

_____

_____

_____

12.1.3　展会立项策划方案的写法

根据前期市场调研，展览题材的选定要符合国家战略发展需求、市场需求，具有前沿性、时代性，搭建符合实际情况的时间、地点、规模等展会基本框架，融入科技发展、智慧生活、民生建设、健康中国、乡村振兴等主题，运用线上展会、数字展会、虚拟仿真技术等，综合前面讲述的各部分策划内容，撰写完整的展会立项策划方案，主要包括办展市场环境、展会品牌形象策划、展会的基本框架、展会价格和展会初步预算、招展计划、招商计划、宣传推广计划、人员分工计划、进度计划、服务商及现场管理计划、展会期间举办的相关活动计划、展会立项策划可行性分析及风险管理预案、图片以及公司简介等。

需要明确的是，尽管在后期筹备和运作阶段可以根据实际情况修改和细化，策划阶段的立项策划方案仍需要力争全面详细，但是也要注意应根据需求和关注点突出重点，如运营模式、整体执行方案策划和预算等都属于策划方案的重点。整体执行策划一般分为展览会运营和论坛运营两大部分，这两部分都要特别细致，甚至可以列出每个展区的主题、拟邀请参展的企业、拟邀参会的领导和嘉宾名单，对于同期论坛的主题、议题、议程和相关活动的策划也要尽量具体、切实、较易落地，这样方案才会更加务实可行、得到决策者的认可。

❓ 引导问题 4：你知道展会立项策划方案的撰写要求有哪些吗？

_____

_____

_____

12.1.4　展会立项策划方案的撰写要求

撰写展会立项策划方案要注意以下撰写要求。

1. 创新务实

策划方案、设计等需要有创意，同时需要可实施，具有可行性。

2. 逻辑清晰

方案的逻辑一定要合理，前后思路一致。

3. 内容完整

立项策划方案要求整体内容完整、文字简易、清晰易理解。

4. 重点突出

方案要突出重点和亮点部分，每个策划方案都应该有独特的亮点，这部分要着重描述和讲述。

5. 格式规范

方案的格式排版也很重要，规范的排版能够更加吸引人，在写作时要符合商业文案的基本要求，注重细节，语句通顺，无错别字等，不断修改完善，体现精益求精、追求卓越、争创一流的劳模精神。

6. 具有创新创业思维

在策划中融入最新技术手段，要具有创新创意、大局意识、商业模式思维、共赢思维、资源整合思维、团队精神、时间意识、成本意识、效益意识、批判性思维等创新创业思维。

? 引导问题 5：你知道展会立项策划方案的撰写有哪些技巧吗？

_____
_____
_____

12.1.5 展会立项策划方案的撰写技巧

微课：展会立项策划方案的撰写

每个展会立项策划方案都不相同，内容较多，要求全面，在撰写策划方案时也有一些技巧可以采用。

首先，在撰写方案前要充分思考和讨论，最好以几个人为一个小组共同讨论，在讨论时先确定方案的大纲，并评估其合理性，再按照大纲撰写具体内容。

其次，大型的展会项目涉及板块较多，所以通常是分工合作，根据小组成员各自擅长的部分进行讨论并分工撰写，在撰写过程中针对不同问题再进行讨论和推敲。在撰写前，要先确定方案的重点、特色和创新等部分，再考虑其他部分，最终形成完整的策划方案。

最后，要关注立项策划方案的使用方要求。如果方案不只供本公司内部决策者使用，还提供给主办单位或者上级审批机关使用，要注意不同的使用方的要求和关注点，要在方案撰写前做好需求分析，充分参考过往资料，以满足使用方对于方案的内容要求和呈现方式的要求。

任务12.2　展会立项策划方案的汇报

❓ 引导问题6：你知道展会立项策划方案的汇报演示文件如何制作吗？

_____

_____

_____

12.2.1　展会立项策划方案的汇报演讲文件

管理规范的展览主办方立项决策有严格程序，一般包括提交立项资料的内容与格式、提交部门、提交时间、分管负责人初审、公司决策层集体评审等。原则上，新项目的申请须提前一年以上提出。例如，某跨国公司展览新项目立项工作流程如下。

（1）提出设立新项目的创意，即拟设新项目主题或创新项目思路。提出创意者主要是公司中高层管理人士以及市场部。该公司规定市场部每年必须提出两个以上新项目创意。

（2）公司高层对创意新项目的选择提出方向性意见，由市场部展开市场调查，撰写可行性研究报告。

（3）市场部完成可行性研究报告后，向公司分管负责人汇报。如获认可，即在市场部内部组织讨论，根据分管领导意见进一步完善报告。内部讨论的内容包括该项目的执行方案。

（4）公司高层或项目投资决策委员会听取市场部汇报，一般采用PPT（演示文稿）汇报。与会人员针对新项目可行性研究报告提出质询。市场部要在会议上回答质询。经会议讨论，决定是否立项。

（5）公司高层或项目投资决策委员会批准立项后，将最终确定项目负责人即项目经理。市场部配合项目经理提出详细的立项操作方案。

以上是会展公司开设新展会项目的立项决策流程，其中对于展会立项策划方案的汇报和演示是重要环节。此外，如果展会立项策划方案撰写方需要参加展会项目的招投标，投标方也可能需要按照招标方的要求进行方案汇报演示，即讲标。因此，立项策划方案撰写完成后还有一项工作，即制作关于方案的演示文件并对其进行现场呈现，从而方便决策层评审和质询该方案，对其做出是否采纳和立项的决定。一般来说，多采用PPT呈现和汇报演讲的形式。

在制作PPT文件时，制作风格应尽量体现展会主题，有特色，有创新，页面布局合理、美观；内容完整，结构合理，精练扼要；可以采用图文混排的展现形式，字体、字号、颜色、图片排版要美观；图片选取恰当，能够与行文相辅相成。

笔记

> **引导问题 7**：你知道展会立项策划方案应如何汇报演讲吗？

12.2.2 展会立项策划方案的汇报演讲

完成了展会立项策划方案后，还需要对其进行汇报演示，充分展示立项策划方案的内容和精彩亮点。制作好与立项策划方案相辅相成的 PPT 汇报演讲文件之后，汇报人需通过出色的口头汇报将其完美呈现出来。为了达到好的汇报演讲效果，汇报演讲者需要注意有效演讲的三要素，即语言要素、声音要素和视觉要素。

1. 语言要素

语言要素包括演讲时的字、词、句以及要演讲的内容和这些内容的组织方式。这和立项策划方案的文字要求要有所区别，要根据时间要求来组织演讲内容，详略安排得当，重点突出，引起听众兴趣，从而让其充分了解和认可策划方案的主要内容、特色和创新点。

2. 声音要素

声音要素主要包括音量、音质、吐字、连贯性、语音、语调、语速等。要发音标准，口齿清楚，语速语调适中，声音洪亮。

3. 视觉要素

视觉要素主要指形象、仪容举止、姿势、面部表情、手势、眼神、位置移动以及使用视觉辅助器材的方式等。具体包括以下几个方面。

（1）仪容。演讲者仪容要求整齐、清洁、利落、自信大方、体态自然。女士服装以套装为宜，淡妆为佳，头发整齐、利落、不可遮挡脸部；袜子要求肤色，不可有花纹，鞋子以有跟的包鞋为好；配件、首饰勿佩戴太多。男士服装以深蓝、深灰西装较佳，素色衬衫，领带颜色应配合西装色系；深色袜子，不可着白色袜子；深色皮鞋，保持干净。

（2）面部表情。面部表情真诚，不要单一化，注意微笑，注意面部表情应与演讲内容吻合，有意识面对观众。

（3）姿势。站立时抬头，头顶平，双目向前平视，下颌微收，动作平和自然；双肩放松，稍向下沉，身体有向上的感觉，呼吸自然；躯干挺直，收腹，挺胸，立腰；双臂放松，自然下垂于体侧，手指自然弯曲；女士双腿并拢立直，两脚跟靠紧，脚尖分开呈 60°，男士站立时，双脚可分开，但不能超过肩宽，身体略向前倾，并将重心落于双腿。注意头不要歪、站姿端正、身体不要摇晃、动作不要太夸张或太保守。

（4）手势。正常演讲不做手势时，手臂自然垂于身侧并要轻松自如；强调想法时,手的动作要尽量放大,手势动作的范围要在腰部以上;经常换手势,但不要过多。

(5) 位置移动。演讲时无须待在一个地方不动,移动会使观众有参与感,能舒缓紧张情绪。在演讲时有意识地对着观众讲话,不要经常用背对着观众。

(6) 目光交流。演讲时应该把要表达的内容传递给观众,并与观众进行目光交流。

❓ 引导问题 8:你知道展会立项策划方案汇报演讲有哪些技巧吗?

_____

_____

_____

12.2.3 展会立项策划方案的汇报演讲技巧

微课:展会立项策划方案的汇报

演讲者除了注意有效演讲的三要素,还有一些技巧可以参考使用。

(1) 每个人都有自己的风格,可以借鉴和参考,但不一定要全部模仿别人的风格,自己的风格应该与自己的特点相适应,如反应、语速、习惯、专业程度、经验等。

(2) 讲好演示的关键是熟练,准备充分,不断琢磨提高,临场随机应变,汇报时要有自信。

(3) 注意演示文件的条理性和层次性;每一页幻灯片都要有主题和重点,讲解的时候要用充分的证据和信心把重点讲出来;设计好幻灯片之间的过渡衔接,组织好语言,讲解过渡自然;提前准备好自我介绍、开场白、总结、结束语等。

(4) 讲解时用词简洁,主要使用专业词汇,不要过于口语化;声音清晰有力,神态自然自信,目光要不时与观众交流,合理利用表情和手势;一般站立演讲,面对观众,尊重观众,态度积极,体现职业素养。

(5) 有时间观念,准确把控时间。

(6) 有合作精神,注意团队形象,锻炼团队合作能力,配合默契。

❓ 引导问题 9:你知道成为合格乃至优秀的会展策划师,应具备哪些能力和素养吗?

_____

_____

_____

总的说来,会展策划师应具备以下方面的能力和素养。

(1) 具备全局观念。会展策划师需要系统的归纳、统计、挖掘、统筹安排,

笔记

懂得利用和整合资源,统筹管理项目各个环节,协调各个部门,才能完成一项好的策划方案。

(2) 有敏锐的洞察力。作为会展策划师要具备透过现象看本质的能力,观其表而知其里,懂得如何抓住要点加以放大并输出,随之形成产品。因此要学会从碎片信息中获取重点,懂得倾听,多听、多看、多分析、多动脑,平时习惯记笔记、做总结,逐步掌握很多碎片信息,从而抓住重点。

(3) 有开阔的眼界。特别是刚从事策划工作的话要多参加展会、会议、活动,不断增长见识,开阔眼界。

(4) 具备销售人员的素质。会展策划师策划的是一款会展产品,了解产品销售才能保证策划的产品有市场,因此需要经常与优秀的销售人员交流、学习。要知道推出会展产品就是为了满足客户的需求,而销售人员是最懂客户需求的。策划人员可以在销售季去体验销售工作,去验证策划出来的产品是否满足市场需求,这样才能不断提升办展水平。

(5) 具备设计师的审美能力。一个合格的策划师应该具备基本的设计审美能力,因为策划中包含着创意设计。当然并不是说要求策划师同时是优秀的设计师,而是要求博而不必精,多看、多学、多练,具备基本的审美观。

(6) 具有材料、工程、成本等知识储备。做策划案预算时策划者不能天马行空,要懂材料、知工程、控成本,需要懂得节省收敛,不能超出项目预算,否则到后期落地执行、工程施工时因为预算不符需要再次修改,策划方案就失去了指导实施和执行的意义。

(7) 具备一定的现场把控能力。策划师是总设计师,只有策划师才最清楚现场环节以及应急预案的所有细节。会展策划师遇到主控现场工作的时候,就是导演,要熟悉场务、灯光、舞美、道具、布景、摄影、摄像、主持、演员、美工等所有环节,做到心中有数,才能做好现场把控。

(8) 具备统筹意识和责任意识。项目总负责是项目经理,需具备统筹和管理意识,关注各个环节,让项目顺利落地。会展策划师也需要具备这种统筹意识,才能保证策划方案顺利实施。同时策划师还要有责任感,在策划案的实施过程中要关注整个过程,甚至搭建执行、现场运维、展商沟通等,以获取一手信息。

(9) 有担当精神和谨慎严谨的态度。会展策划师需站在决策者的高度,承担项目策划工作,具备担当精神;撰写会展策划方案必须严谨、认真,注重细节。

(10) 内外兼修。除了文案撰写能力,会展策划师还需要锻炼沟通表达能力,具备演讲能力、提案能力、应变能力和说服能力,还需要多角度考虑问题,能从不同的视角去分析和处理问题。

(11) 自主学习的热情和能力。会展策划要求策划师的能力要全面,但是人的精力有限,不可能什么都懂,更不可能做到博古通今,掌握所有领域的知识,那么我们可以认清自身特点,做擅长的事,只专注某一领域的策划,做这个行业里的专家,或者是做大部分会展领域执行的策划工作。要成为这样的人,必须有学习热情和自主学习能力,多方关注,也要多向周围的人学习。

✎ 任务目的

前面已经完成展会立项各部分内容的策划,需要将这些内容进行整合,形成完整的展会立项策划方案,并制作汇报文件,对策划好的文案进行完美呈现,由决策者做出是否立项的决定。在撰写立项策划方案、制作汇报演示文稿并进行口头汇报演示的过程中,将所学的展会题材选定、基本框架的搭建、品牌规划策略、招展方案、招商方案、宣传推广策划、相关活动策划、服务商及现场管理方案和立项可行性分析、风险分析等知识综合并运用到展览项目策划中,锻炼文案撰写能力、口头汇报能力,培养团队合作精神、服务意识、创新精神、创业精神,提升职业素养,增强职业自信心。

✎ 任务名称

撰写并汇报展会立项策划书及汇报演示文稿。

✎ 任务分组

班级		小组名称		指导教师	
组长		学号		分工	
成员		学号		分工	
成员		学号		分工	
成员		学号		分工	
成员		学号		分工	
成员		学号		分工	

✎ 任务实施

1. 活动要求

(1) 分组,每组 3~5 人。

(2) 以小组形式完成展览项目相关题材案例和资料的查找,可以参考实际案例,先组内讨论拟选定的展览项目所在行业和题材展会策划思路。

(3) 小组讨论交流后与教师进行讨论,确定立项策划方案撰写策略。

(4) 思路和策略确定后,按照所学方法,小组成员分工合作,完成本组展会立项策划方案的撰写和汇报演示文件的制作。

(5) 分工合作进行方案的汇报与演示。

2. 活动步骤

(1) 分组,确定组长、成员。

(2) 查找会展项目案例和资料。

(3) 组内讨论拟选定题材,得出小组活动结论。
(4) 确定思路后,完成本组展会立项策划方案的撰写和汇报演示文件的制作。
(5) 小组讨论交流、师生讨论评价。

 任务评价

小组自评、小组互评与教师评价相结合。自我评价占10%,小组成员组内互评占10%,小组互评占10%,教师评价占70%。任务评价表如表12-1所示。

表12-1 任务评价表

班级			组名		日期				
		评价要素		分值	自我评价	组内互评	组间互评	教师评价	总评
展会立项策划方案撰写（75分）	策划方法运用	运用适合的策划方法完成本组拟策划展会提案		3					
	市场信息收集	主要考查展会市场信息收集的全面性,包括市场形势、消费需求、竞争状况、展会自身资源情况的分析		3					
	展会基本框架	展览题材要选定符合国家战略发展需求、市场需求,具有前沿性、时代性		2					
		展会名称命名规范,有知识产权意识和职业素养		1					
		展会主题融入乡村振兴、城市建设、科技发展、智慧生活、民生建设、健康中国、美丽中国等内容		2					
		办展单位设置合理,责任划分清晰		2					
		办展时间合理,符合行业特点		2					
		办展地点策划合理		2					
		展会规模适当,符合展会发展现状		2					
		展品范围设计合理、科学,涵盖全面		1					
	招展策划	目标参展商数据库的建立思路清晰、原则正确		2					
		展区划分	招展展区划分合理,体现展会的专业性	2					
			体现展出效果、参观效果,具有服务意识	2					
		招展价格制定合理,符合行业发展和展会发展特点		2					
		收入渠道设计合理,线上收入设计合理		2					

续表

 笔记

评价要素			分值	自我评价	组内互评	组间互评	教师评价	总评
展会立项策划方案撰写（75分）	招展策划	招展分工 分工合理	2					
		招展分工 具有分工合作意识和团队精神	2					
		招展进度合理	2					
		营销方法得当	2					
	招商策划	招商活动策划完整、合理，有效达到邀请观众的目的	4					
		邀请观众工作中体现服务意识、客户思维	2					
	相关活动	相关活动设计合理，能有效促进展会举办、促进招展招商	4					
		相关活动设计有创新、创意	2					
	宣传推广	方法得当，配合各项工作开展的宣传措施有效	4					
		宣传能体现大局意识、整体思维、系统思维	2					
	现场管理	服务商选择适当，现场方案详细，考虑到位	2					
		体现服务意识、精益求精的精神	2					
	可行性分析	方案具有可行性	3					
	文案总体撰写质量	主要考查文案整体内容完整、文档制作质量优良	1					
		能正确恰当评价本组方案、他组方案	2					
		页面编排合理、美观，符合商业文案的基本要求，注重细节，语句通顺，无错别字等，不断修改完善，以参加全国比赛为目标，体现精益求精、追求卓越、争创一流的劳模精神	3					
		在策划中具有创新创意、大局意识、商业模式思维、共赢思维、资源整合思维、时间意识、成本意识、效益意识、批判性思维等创新创业思维	3					
		具有团队精神	3					
策划方案汇报（25分）	演示文稿形式	演示文稿制作风格体现展会主题，有特色	1					
		有创新，页面布局合理、美观	1					
	演示文稿内容制作	内容完整，结构合理，精练扼要	5					
		文案采用图文混排的展现形式，字体、字号、颜色、图片排版美观；图片选取恰当，能够与行文相辅相成	1					

续表

 笔记

评价要素		分值	自我评价	组内互评	组间互评	教师评价	总评
策划方案汇报（25分）	汇报人形象	根据要求不断修改完善演示文稿，精益求精，追求卓越	1					
		衣着整洁、大方、体态自然、举止大方	2					
		普通话标准、口齿清楚、语速语调适中，声音洪亮	2					
		态度积极、尊重他人，有职业素养	2					
	时间把控	自我认同、自我提升、自信呈现、自我成就	3					
	团队配合	有时间观念，准确把控时间	1					
	评价能力	注意团队形象与团队合作能力，配合默契，风格有特色	3					
		可根据汇报情况进行自我评价、组内互评、组间互评，客观公正	2					
		培养共赢思维、批判性思维等创新创业思维	1					
总分			100					
有益经验								
总结反思								

📝 **任务拓展**

在小组策划方案中选取可行性较高的方案，争取各方支持和资源，模拟举办某个展会。

项目小结

本项目主要学习展会立项策划方案的内容、撰写要求、撰写技巧以及展会题材选定、基本框架的搭建、品牌规划策略、招展方案、招商方案、宣传推广策划、相关活动策划、服务商及现场管理方案和立项可行性分析、风险分析等各部分内容的写法和汇报演示文稿的制作要求以及汇报的要素,对策划好的文案进行完美呈现,锻炼了文案撰写能力、口头汇报能力等综合能力,培养了团队合作精神、服务意识、创新精神、创业精神。

 知识测评

资料:撰写展会立项
策划方案知识测评

参 考 文 献

[1] 马骐.会展策划与管理[M].2版.北京:清华大学出版社,2018.
[2] 李勇军.会展策划[M].2版.北京:机械工业出版社,2022.
[3] 华谦生.会展策划[M].4版.杭州:浙江大学出版社,2022.
[4] 舒波,冶麟茜.会展策划与管理[M].2版.北京:清华大学出版社,2021.
[5] 张翠娟,尹丽琴,洪晔.会展策划实务[M].2版.北京:清华大学出版社,2021.
[6] 肖葱.会展策划与管理[M].武汉:华中科技大学出版社,2019.
[7] 张凡.会展策划(修订版)[M].武汉:华中科技大学出版社,2019.
[8] 孟奕爽,蔡卫民.会展策划与管理[M].北京:高等教育出版社,2023.
[9] 吴志才.会展策划理论与实务[M].北京:经济管理出版社,2016.